AF237590

Matthias Kurz

Rechtsrahmen für Softwareprojekte der Schulverwaltung NRW

Rechtsrahmen

für

Softwareprojekte

der

Schulverwaltung NRW

Ein juristischer Leitfaden
für die Schulverwaltung
des Landes Nordrhein-Westfalen

Bibliografische Information der Deutschen Nationalbibliothek:
Die Deutsche Nationalbibliothek verzeichnet diese Publikation
in der Deutschen Nationalbibliografie; detaillierte bibliografische
Daten sind im Internet über http://dnb.dnb.de abrufbar.

Coverbild: NRW-Flagge: Perhelion (Wikipedia), Waage: Firkin
(OpenClipart.org), Tafel: Arvin61r58 (OpenClipart.org)

Herstellung und Verlag: BoD – Books on Demand, Norderstedt

ISBN: 978-3-7534-7946-0

Inhaltsverzeichnis

1 Einleitung

1.1 Ausgangslage

Die Digitalisierung der Prozesse der öffentlichen Verwaltung ist ein wichtiges Handlungsfeld. So verpflichtet § 1 I Onlinezugangsgesetz (OZG) Bund und Länder dazu, bis zum 31.12.2022 die jeweiligen Verwaltungsleistungen für Bürger und Unternehmen auch elektronisch zur Verfügung zu stellen und somit auch noch nicht digitalisierte Verwaltungsangebote zu digitalisieren[1]. Ebenso verpflichtet § 5 E-Government-Gesetz Nordrhein-Westfalen (EGovG NRW) die Behörden des Landes Nordrhein-Westfalen (NRW) dazu, Verwaltungsleistungen im Außenverhältnis bis zum 01.01.2021 auf elektronischem Weg anzubieten[2]. Darüber hinaus hat sich die Landesregierung in der Digitalstrategie NRW das Ziel gesetzt, auch die Binnendigitalisierung der Landesverwaltung voranzutreiben[3]. Dementsprechend trägt § 12 I EGovG NRW der Landesverwaltung auf, auch verwaltungsinterne Verwaltungsabläufe bis zum 31.12.2025 auf elektronischem Weg abzuwickeln.

1.2 Problemstellung

Diese Rahmenbedingungen wirken sich auf die Schulverwaltung des Landes aus. So werden seitens der Schulverwaltung vermehrt Projekte zur Entwicklung neuer Software initiiert[4]. Software bezeichnet im Folgenden

---

[1]   EGovG/OZG-*Denkhaus/Richter/Bostelmann*, § 1 OZG, Rn. 13, 5.

[2]   EGovG/OZG-*Denkhaus/Richter/Bostelmann*, § 5 EGovG NRW, Rn. 1.

[3]   *MWIDE NRW,* Strategie für das digitale Nordrhein-Westfalen 2019, S. 42.

[4]   Der Nachweis hierfür wird in Abschnitt 3.4 geführt.

Computerprogramme, die vom Anwender eingesetzt werden, um eine fachliche Aufgabenstellung wie etwa die Pflege der Personaldatei zu erfüllen[5]. Der Begriff der Schulverwaltung bezieht sich hierbei auf die Behörden und Einrichtungen[6] im Geschäftsbereich des Ministeriums für Schule und Bildung des Landes Nordrhein-Westfalen (MSB NRW). Neben dem MSB NRW zählen somit die Schulabteilungen der Bezirksregierungen (obere Schulaufsicht), die staatlichen Schulämter (untere Schulaufsicht), das Landesinstitut für Schule, das Landesprüfungsamt für Lehrämter an Schulen, die Zentren für schulpraktische Lehrerausbildung und das Haus für Lehrerfortbildung Kronenburg zur Schulverwaltung[7]. Da an diesen Projekten vornehmlich Lehrkräfte sowie technisches Personal beteiligt sind, besteht immer wieder eine gewisse Unsicherheit darüber, welche rechtlichen Rahmenbedingungen für das jeweilige Projekt gelten. Umgekehrt fehlt den Justiziariaten bisweilen das grundlegende technische Verständnis, um hier rasch Hilfestellung geben zu können.

1.3 Aufgabenstellung

Ziel dieses Leitfadens ist dementsprechend die Entwicklung eines Leitfadens, der erläutert, in welchen Phasen

---

[5]   Technisch ist hierfür der Begriff Anwendungssoftware präziser, da er stärker von der Systemsoftware, also Software, mit der der Anwender in der Regel nicht in Kontakt kommt, abgrenzt (*Abts/Mülder*, S. 57). Da sich die vorliegende Arbeit jedoch ausschließlich auf Anwendungssoftware bezieht, wird der Begriff Software im Folgenden im Sinne von Anwendungssoftware verwendet.

[6]   Der Unterschied zwischen Behörden gemäß § 2 Landesorganisationsgesetz (LOG NRW) und Einrichtungen gemäß § 14 LOG NRW spielt für diese Arbeit keine besondere Rolle und wird daher nicht weiter betrachtet.

[7]   *MSB NRW*, Geschäftsbereich des Ministeriums für Schule und Bildung des Landes Nordrhein-Westfalen.

eines typischen Softwareentwicklungsprojekts der Schulverwaltung des Landes Nordrhein-Westfalen welche rechtlichen Rahmenbedingungen zu berücksichtigen sind. Dieser Leitfaden richtet sich an die an Softwareprojekten Beteiligten in der Schulverwaltung, also vornehmlich Lehrerinnen und Lehrer sowie Informatikerinnen und Informatiker. Der Leitfaden bezieht sich auf die Entwicklung neuer Software durch einen externen Auftragnehmer.

Zu diesem Zweck werden die bei solchen Projekten relevanten Rechtsthemen identifiziert. Unter einem Rechtsthema wird hier eine rechtliche Regelung mit Bedeutung für Softwareentwicklungsprojekte verstanden. Für jedes dieser Themen wird der wesentliche Regelungsinhalt kurz erläutert und werden konkrete Empfehlungen zur Umsetzung im Projektalltag gegeben. Hierbei sind die betroffenen Rechtsgebiete nicht erschöpfend dargestellt. Vielmehr soll der Leitfaden die Zielgruppe in die Lage versetzen, typische rechtliche Problemstellungen rechtzeitig zu erkennen und bei schwierigen Fällen frühzeitig kompetenten rechtlichen Rat von Spezialisten einzuholen.

1.4 Personenbezogene Bezeichnungen

Um die Lesbarkeit zu verbessern, werden im Folgenden männliche und weibliche Sprachformen nicht gleichzeitig verwendet. Stattdessen wird die männliche Sprachform im Sinne einer geschlechtsneutralen Bezeichnung benutzt. Dies geschieht nicht, um das weibliche Geschlecht zu benachteiligen, sondern dient ausschließlich der sprachlichen Vereinfachung. Alle Personenbezeichnungen dieser Arbeit gelten für Personen beiderlei Geschlechts.

2   Projektphasen

2.1   Zielsetzung

Softwareentwicklungsprojekte werden oft in Phasen unterteilt. Dieses Kapitel identifiziert die typischen Projektphasen eines Softwareentwicklungsprojekts der öffentlichen Verwaltung. Die identifizierten Phasen werden anschließend zur Gliederung der in diesem Leitfaden besprochenen Rechtsthemen herangezogen.

2.2   V-Modell XT

Zunächst werden die typischen Phasen eines Softwareentwicklungsprojekts der öffentlichen Verwaltung anhand des V-Modells XT[8] bestimmt. Hierbei handelt es sich um ein Vorgehensmodell für Entwicklungsprojekte von technischen Systemen[9], welches sich auch für die Softwareentwicklung eignet[10]. Als Vorgehensmodell enthält es klare Strukturen und Vorgaben für Projekte und trägt auf diese Weise zu einer höheren Qualität der Projektergebnisse bei[11]. Als Standard für IT-Projekte in der öffentlichen Verwaltung[12] ist es insbesondere im öffentlichen Dienst verbreitet.

Für unterschiedliche Arten von Projekten sieht es sogenannte Projekttypvarianten vor. Für Softwareentwicklungsprojekte der Schulverwaltung eignet sich insbesondere die Projekttypvariante *AG-Projekt mit einem Auftraggeber*. Denn diese Projekttypvariante betrachtet Projekte zur Entwicklung von Software durch einen Auf-

---

[8]   Zur Spezifikation des V-Modells XT vgl. *Weit*.

[9]   *Weit*, S. 4.

[10] *Weit*, S. 29.

[11] *Friedrich et al.*, S. 1.

[12] *Weit*, S. 6.

tragnehmer aus Sicht des Auftraggebers[13]. Für jede Projekttypvariante sieht das V-Modell XT eine Projektdurchführungsstrategie vor. Projektdurchführungsstrategien
definieren die Reihenfolge der zu erstellenden (Zwi-
schen-)Ergebnisse (Produkte in der Terminologie des
V-Modells XT)[14] und damit auch die Reihenfolge der
durchzuführenden Aktivitäten.

2.3 Entscheidungspunkte

Entsprechend der Systematik des V-Modells XT werden
in den Projektdurchführungsstrategien nicht Aktivitäten
benannt, sondern Entscheidungspunkte. Letztere sind
Meilensteine, an denen anhand des Projektfortschritts
entschieden wird, ob das Projekt fortgesetzt oder
beendet wird[15]. Da Entscheidungspunkten jeweils Projektergebnisse zugeordnet sind[16], ist der Projektfortschritt
einfach bestimmbar.

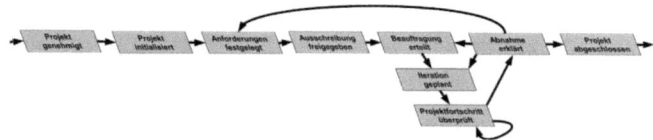

Abbildung 1 Projektdurchführungsstrategie für die
Projekttypvariante *AG-Projekt mit einem
Auftragnehmer*[17]

Abbildung 1 zeigt die Entscheidungspunkte der Projektdurchführungsstrategie für die Projektdurchführungsvariante *AG-Projekt mit einem Auftragnehmer*. Als Projektdurchführungsstrategie für den Auftraggeber sind die
Aktivitäten des Auftragnehmers (also insbesondere die-

---

[13] *Weit*, S. 279.
[14] *Friedrich et al.*, S. 14.
[15] *Friedrich et al.*, S. 14.
[16] *Weit*, S. 5.
[17] *Weit*, S. 271.

jenigen, die mit der eigentlichen Entwicklungsarbeit zusammenhängen) nicht enthalten. Für den Auftragnehmer stellt das V-Modell XT separate Projektdurchführungsstrategien zur Verfügung[18].

Die Pfeile zwischen den Entscheidungspunkten verdeutlichen den zeitlich-logischen Zusammenhang zwischen den Entscheidungspunkten. Dieser Zusammenhang ist nicht nur sequenzieller Natur. So zeigen die vom Entscheidungspunkt *Abnahme erklärt* ausgehenden Pfeile, dass Probleme während der Abnahme durch den Auftraggeber dazu führen können, dass beispielsweise neue Beauftragungen erfolgen oder die Anforderungen überarbeitet werden.

2.4 Phasen

Aus den Entscheidungspunkten der Projektdurchführungsvariante *AG-Projekt mit einem Auftragnehmer* werden nun die typischen Phasen eines Softwareentwicklungsprojekts abgeleitet. Hierfür werden zunächst Entscheidungspunkte der Projektdurchführungsstrategie anhand des Kriteriums, ob Bezüge zu rechtlichen Regelungen eine wesentliche Rolle spielen, ausgewählt. Denn Entscheidungspunkte ohne rechtliche Bezüge werden auch keine Rechtsthemen beinhalten und müssen daher auch nicht in diesem Leitfaden berücksichtigt werden. Aus den ausgewählten Entscheidungspunkten werden dann die Projektphasen abgeleitet, die schließlich zur Gliederung des Leitfadens herangezogen werden. Diese Ableitung ist grammatikalischer Natur. So wird aus dem Entscheidungspunkt *Anforderungen festgelegt* die Phase *Anforderungen festlegen*. Diese Formulierung eignet sich besser für die phasenorientierte Gliederung dieses Leit-

---

[18] *Weit*, S. 271 ff.

fadens. Im Folgenden wird die in Abbildung 2
zusammengefasste Ableitung erläutert.

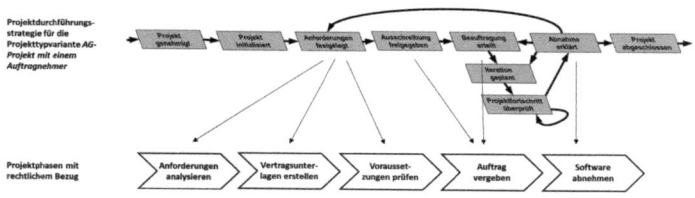

Abbildung 2 Projektdurchführungsstrategie für die
Projekttypvariante *AG-Projekt mit einem
Auftragnehmer*[19]

Der Entscheidungspunkt *Projekt genehmigt* ist erreicht,
wenn auf Grundlage eines Projektvorschlags entschieden wurde, dass ein Projekt gestartet werden soll[20]. Hierbei werden insbesondere Machbarkeit, Finanzierbarkeit,
Wirtschaftlichkeit und die Marktsituation berücksichtigt[21].
Ein Projekt erreicht den Entscheidungspunkt *Projekt
initialisiert*, wenn die grundlegenden Vorbereitungen für
die Durchführung des Projekts getroffen wurden[22]. Beide
Entscheidungspunkte weisen keinen ausgeprägten rechtlichen Bezug auf und werden somit nicht weiter berücksichtigt.

Für den Entscheidungspunkt *Anforderungen festgelegt*
sind rechtliche Regelungen hingegen von großer Bedeutung. Schließlich müssen hier die rechtlichen Anforderungen an die zu entwickelnde Software sowie die zu
erstellenden Vertragsunterlagen geklärt worden sein. Aus
diesem Grund wird dieser Entscheidungspunkt in drei
Phasen aufgeteilt. In der Phase *Anforderungen analysie-*

---

[19] Erweiterung der Originaldarstellung aus *Weit*, S. 271.
[20] *Weit*, S. 258.
[21] *Weit*, S. 62.
[22] *Weit*, S. 258.

ren werden die rechtlichen Anforderungen an die zu ent-wickelnde Software identifiziert. In der Phase *Vertrags-unterlagen zusammenstellen* werden diese Anforde-rungen in ein konkretes Vertragswerk überführt, das später für die Ausschreibung des Entwicklungsauftrags benötigt wird und somit die rechtlichen Regelungen für diesen Auftrag festlegt. In der Phase *Voraussetzungen prüfen* kontrollieren verschiedene Rollen, ob einzelne rechtliche Regelungen durch das Softwareentwicklungs-projekt eingehalten wurden.

Die Entscheidungspunkte *Ausschreibung freigegeben* und *Beauftragung erteilt* sind in der öffentlichen Verwal-tung von größter Bedeutung, da die Regelungen des Ver-gaberechts komplex sind[23] und bei Nichteinhaltung recht-liche Konsequenzen drohen[24]. In der Praxis werden diese Phasen in der Schulverwaltung jedoch von spezialisierten Vergabestellen gesteuert und sind für das Softwareentwicklungsprojekt selbst somit weniger rele-vant. Daher werden sie in der Phase *Auftrag vergeben* zusammengefasst.

Für die operative Durchführung von Softwareentwick-lungsprojekten sind die Entscheidungspunkte *Iteration geplant* und *Projektfortschritt überprüft* von großer Bedeutung. Schließlich behandeln diese beiden Ent-scheidungspunkte die Planungen zur Lieferung von Teil-ergebnissen[25] bzw. die Steuerung des Projektfortschritts durch den Auftraggeber[26]. Rechtliche Fragestellungen spielen hier jedoch nur eine untergeordnete Rolle. Daher werden diese beiden Entscheidungspunkte für den Leit-faden nicht berücksichtigt.

---

[23] *Erben/Günther*, S. 101.
[24] Beck VergabeR-*Dörr*, § 97 Abs. 6 GWB, Rn. 12 f.
[25] *Weit*, S. 262.
[26] *Weit*, S. 267.

Aufgrund der Regelungen zur Sachmängelhaftung sowie zur Fälligkeit der Vergütung ist der Entscheidungspunkt *Abnahme erklärt* von großer rechtlicher Bedeutung. Daher wird die Abnahme in der Phase *Software abnehmen* genauer betrachtet.

Der Entscheidungspunkt *Projekt abgeschlossen* bezieht sich vornehmlich auf Projektmanagementaufgaben[27] und wird demzufolge nicht im Leitfaden betrachtet.

Somit ergeben sich die in Abbildung 2 enthaltenen Projektphasen *Anforderungen analysieren, Vertragsunterlagen erstellen, Voraussetzungen prüfen, Auftrag vergeben* und *Software abnehmen.*

---

[27] *Weit*, S. 270.

3 Relevante Rechtsthemen

3.1 Zielsetzung

In diesem Kapitel werden rechtliche Themen identifiziert, die bei Softwareentwicklungsprojekten der Schulverwaltung typischerweise zu berücksichtigen sind und somit für diese Projekte von großer praktischer Bedeutung sind.

3.2 Methode

Zur Erhebung der rechtlichen Themen werden qualitative Experteninterviews mit Beschäftigten der Schulverwaltung durchgeführt, die an Softwareentwicklungsprojekten der Schulverwaltung beteiligt waren. Hierfür wird die Form des systematisierenden Experteninterviews genutzt. Dieses zielt auf die umfassende Erhebung des Sachwissens der Experten ab und eignet sich, wenn Wissen weitgehend direkt abgefragt werden kann und keine ausgefeilten Techniken zur Aufdeckung etwa verdeckten Wissens erforderlich sind[28].

Für die Interviews sind Experten auszuwählen, die zur Beantwortung der Forschungsfrage beitragen können[29]. Für diese Untersuchung wurden Experten ausgewählt, die seit mindestens drei Jahren an Softwareentwicklungsprojekten der Schulverwaltung mitwirken.

Die Anonymität der befragten Experten sowie die Vertraulichkeit der Interviewinhalte schützen die Experten und gehören zu den Pflichten des Befragenden[30]. Daher

---

[28] *Bogner/Littig/Menz*, S. 24.
[29] *Bogner/Littig/Menz*, S. 34 f.
[30] *Bogner/Littig/Menz*, S. 89.

werden die Experten in dieser Arbeit nicht identifiziert und ihnen auch keine Antworten zugeordnet.

Experteninterviews sollten grundsätzlich unter gleichzeitiger physischer Anwesenheit geführt werden, da so die Gesprächssteuerung leichter fällt und auch nichtverbale Signale berücksichtigt werden können. Angesichts der Ausbreitung von COVID-19 während des Bearbeitungszeitraums erschien eine solche Gesprächsform einigen Interviewpartnern als riskant. Um die Nachteile eines Telefoninterviews zu vermeiden, wurden die Gespräche mittels Videokonferenzen geführt.

3.3 Interviewleitfaden

Um das Expertenwissen zu erschließen, bedarf es eines ausdifferenzierten Interviewleitfadens[31]. In diesem Abschnitt wird der Aufbau des Interviewleitfadens erläutert. Ziel dieses Experteninterviews ist die Beantwortung der Forschungsfrage „Welche rechtlichen Themen spielen eine wesentliche Rolle bei Softwareentwicklungsprojekten der Schulverwaltung?".

Gemäß der Empfehlung von *Bogner/Littig/Menz* wird das Gespräch mit einer Einleitungsphase eröffnet[32]. Dort wird dem Interviewten für die Gesprächsbereitschaft gedankt und das Forschungsthema kurz vorgestellt[33]. Auch werden der Zeitrahmen für das Interview und die Interviewsituation erläutert. Der Interviewleitfaden ist für Interviews von circa 60 Minuten gestaltet. Schließlich wird versichert, dass die Anonymität und Vertraulichkeit der Interviewten gewahrt wird.

---

[31] *Bogner/Littig/Menz*, S. 24.
[32] *Bogner/Littig/Menz*, S. 59 f.
[33] *Bogner/Littig/Menz*, S. 59 f.

Da die Einstiegsfrage der Stabilisierung der Gesprächs-
situation dient, bietet es sich hier an, leicht zu beantwor-
tende Fragen zu stellen[34]. Zu diesem Zweck wird die derzeit wahrgenommene berufliche Rolle des Interviewten
erfragt. Ferner wird danach gefragt, seit wie vielen
Jahren der Interviewte an Softwareentwicklungsprojekten
der Schulverwaltung mitwirkt und ob aus Sicht des
Befragten in den letzten fünf Jahren vermehrt Softwareentwicklungsprojekte in der Schulverwaltung initiiert
wurden.

Daraufhin schließt sich die erste inhaltliche Frage zu
rechtlichen Themen an, in der direkt erfragt wird, welche
Rechtsthemen bei Softwareentwicklungsprojekten der
Schulverwaltung zu berücksichtigen sind. Für jedes
genannte Rechtsthema wird nachgefragt, wie relevant
das Thema aus Sicht des Experten für solche Projekte
ist.

Im nächsten Schritt wird eine im Rahmen einer Literatur-
analyse aufbereitete Liste von Rechtsthemen kurz vorgestellt. Um ihre Übersichtlichkeit zu verbessern, wird sie
anhand der zuvor bestimmten Projektphasen gegliedert.
Eine Besonderheit ist hierbei die Projektphase *Software
abnehmen*. Da eine Unterteilung der Phase in mehrere
Rechtsthemen nicht sinnvoll erscheint, fungiert diese
Phase zugleich als Rechtsthema. Für jedes Rechtsthema
aus dieser Liste, welches nicht bereits bei der Beantwortung der vorherigen Frage genannt wurde, wird der Inter-
viewpartner gefragt, für wie relevant er dieses Thema für
Softwareentwicklungsprojekte der Schulverwaltung ein-
schätzt. Diese Frage wird bewusst erst gegen Ende des
Gesprächs gestellt, um sicherzustellen, dass der thema-

---

[34] *Bogner/Littig/Menz*, S. 60.

tische Fokus des Gesprächs nicht frühzeitig eingeengt
wird.

Von den Experten genannte Rechtsthemen, die noch
nicht im Leitfaden enthalten sind, werden für die folgenden Interviews in den Leitfaden aufgenommen.
Abgeschlossen wird das Gespräch mit einem Dank für
die aufgewendete Zeit und dem Hinweis, dass die Ergebnisse nach Abschluss der Auswertung zur Verfügung
gestellt werden.

3.4 Auswertung

Die Ergebnisse der Experteninterviews werden in Anleh-
nung an eine qualitative Inhaltsanalyse ausgewertet. Da
primär reines Faktenwissen abgefragt wird, ist eine Deu-
tung der Antworten weniger relevant. Stattdessen geht es
primär darum, die von den Experten gemachten Aus-
sagen einheitlich festzuhalten. Dies erfolgt bei den
Fragen zur beruflichen Rolle, zur einschlägigen Erfah-
rung und zu Veränderungen bei der Zahl initiierter Softwareentwicklungsprojekte durch Dokumentation der
jeweiligen Antworten. Tabelle 1 gibt eine Übersicht über
die Antworten, die sich nicht auf die Rechtsthemen
beziehen.

Rolle	Erfahrung	Tendenz
3 IT-Leitung	27 Jahre	7 zunehmend
2 IT-Projektleitung	24 Jahre	2 gleichbleibend
2 Consulting	21 Jahre	0 abnehmend
1 Informationssicherheit	21 Jahre	
1 Justiziariat	9 Jahre	
	6 Jahre	
	4 Jahre	
	4 Jahre	
	3 Jahre	
Anzahl: 9 Experten	Summe: 119 Jahre	

Tabelle 1 Antworten, die sich nicht auf Rechtsthemen beziehen

Wie Tabelle 1 entnommen werden kann, wurde ein recht heterogener Kreis von Experten befragt. Eine deutliche Mehrheit der Experten beobachtet in den letzten fünf Jahren eine zunehmende Zahl von Softwareentwicklungsprojekten.

Bei den Fragen zu den Rechtsthemen wurden die Antworten im Anschluss an das Interview den Rechtsthemen aus dem Leitfaden zugeordnet. Die Bewertung der Relevanz der einzelnen Rechtsthemen erfolgt, indem den möglichen Antworten Zahlenwerte zugeordnet werden, über die im Anschluss der Durchschnitt gebildet wird (sehr relevant: 3, relevant: 2, weniger relevant: 1, irrelevant: 0). Der Durchschnitt wird sodann kaufmännisch gerundet. Im Weiteren werden nur Themen berücksichtigt, die zumindest als relevant beurteilt wurden.

Tabelle 2 fasst das Ergebnis der Auswertung zusammen. Themen, die im Vergleich zum ursprünglichen Leitfaden hinzugekommen sind (d. h. von Experten genannt und nicht bereits im Rahmen der Literaturrecherche identifiziert wurden), sind kursiv gedruckt. Die zwei in der

Tabelle durchgestrichenen Themen (*Dienst- und Tarif-
recht* sowie *Dienstleister aus EU-Mitgliedsstaaten*)
wurden als in der Praxis weniger relevant bzw. irrelevant
bewertet. Das erste Thema bezieht sich auf das Verhält-
nis zwischen der Schulverwaltung und ihren Beschäftigten. Beim zweiten Thema handelt es sich um die
Regelungen der Richtlinie 2006/123/EG (Dienstleistungs-
richtlinie, kurz DLR) über die Tätigkeit sowie die Voraussetzungen des Tätigwerdens von Dienstleistungserbrin-
gern anderer Mitgliedsstaaten.

Thema	Relevanz
Projektphase *Anforderungen analysieren*	
Schulrecht	sehr relevant
~~Dienst- und Tarifrecht~~	weniger relevant
Technische Ausstattung der Schulen	relevant
Verwaltungsverfahrensrecht	relevant
Identifizierungsmittel und Vertrauensdienste	sehr relevant
Schriftformersatz	relevant
Aufbewahrungspflichten und Aktenführung	relevant
Standardisierungsbeschlüsse des IT-Planungsrats	relevant
Elektronische Nachweise	relevant
~~Dienstleister aus EU-Mitgliedsstaaten~~	irrelevant
Barrierefreiheit	relevant
Datenschutz	sehr relevant
Informationssicherheit	sehr relevant
Zugänglichkeit von Verwaltungsleistungen	relevant
Projektphase *Vertragsunterlagen erstellen*	
Leistungsbeschreibung	sehr relevant
Vertragsbedingungen	sehr relevant
Projektphase *Voraussetzungen prüfen*	
Datenschutzbeauftragter	relevant
Informationssicherheitsbeauftragter	relevant
Personalvertretung	relevant
Beauftragter der Landesregierung für Informationstechnik	relevant
Haushaltsmittel	sehr relevant
Wirtschaftlichkeit	relevant
Projektphase *Auftrag vergeben*	
Vorrang von IT.NRW	relevant
Vergaberecht	sehr relevant
AGB der Auftragnehmer	relevant
Projektphase *Software abnehmen*	sehr relevant

Tabelle 2 Relevante Rechtsthemen

4   Projektphase *Anforderungen analysieren*

4.1 Zielsetzung

Vor dem Beginn der eigentlichen Softwareentwicklung werden ausgehend von der Zielsetzung des Vorhabens die Anforderungen an die Software identifiziert[35]. Dies wird als Anforderungsanalyse bezeichnet. Diese Anforderungen beschreiben den Funktionsumfang der zu entwickelnden Software[36]. Naturgemäß liegt der Schwerpunkt der Anforderungsanalyse in der Bestimmung fachlicher Anforderungen. Aber auch aus dem geltenden Recht ergeben sich Anforderungen an die Software. In diesem Kapitel werden die rechtlichen Themen beleuchtet, die als Anforderungen an die Software von Bedeutung sind.

4.2 Datenschutz

Der Begriff Datenschutz bezeichnet den Schutz personenbezogener Daten[37]. Ziel ist es, den Missbrauch von personenbezogenen Daten, die permanente Beobachtung von Menschen und das Entstehen des gläsernen Bürgers/Kunden/Arbeitnehmers zu verhindern[38]. Zu diesem Zweck schuf das BVerfG im sogenannten Volkszählungsurteil vom 15.12.1983 das Recht auf informationelle Selbstbestimmung, welches sich aus Art. 2 I GG

---

[35] *Broy/Kuhrmann*, S. 80.

[36] *Broy/Kuhrmann*, S. 80.

[37] Handbuch IT- und Datenschutzrecht-*Conrad*, § 34 Recht des Datenschutzes, Rn. 1.

[38] Handbuch IT- und Datenschutzrecht-*Conrad*, § 34 Recht des Datenschutzes, Rn. 1.

i. V. m. Art. 1 I GG speist[39]. Auch auf europäischer Ebene sind personenbezogene Daten geschützt. So garantiert Art. 8 Charta der Grundrechte der Europäischen Union (EU-Grundrechtecharta) den Schutz personenbezogener Daten. Die in der Praxis wichtigste Rechtsgrundlage des Datenschutzes ist die Verordnung (EU) 2016/679, die als Datenschutz-Grundverordnung (DS-GVO) bekannt ist. Als Verordnung gilt sie unmittelbar und geht nationalen Regelungen vor. Allerdings beinhaltet sie einige Öffnungsklauseln, die den Mitgliedsstaaten begrenzte Spielräume für nationale Regelungen einräumen[40].

Der Bundesgesetzgeber hat diese Spielräume im Bundesdatenschutzgesetz (BDSG) ausgestaltet. Nach § 1 I BDSG gilt dieses Gesetz für nichtöffentliche Stellen, öffentliche Stellen des Bundes sowie grundsätzlich öffentliche Stellen der Länder, soweit die Länder den Datenschutz nicht durch Landesgesetz regeln[41]. Wie auch alle anderen Bundesländer[42] hat NRW mit dem Datenschutzgesetz Nordrhein-Westfalen (DSG NRW) ein solches Gesetz erlassen. Nach § 5 I 1 DSG NRW gilt der zweite Teil[43] des DSG NRW, der sich auf die DS-GVO bezieht, für die Verarbeitung personenbezogener Daten durch Behörden, Einrichtungen und sonstige öffentliche Stellen des Landes. Somit ist das DSG NRW für die Schulverwaltung grundsätzlich anwendbar. Als speziel-

---

[39] *BVerfG*, Urt. v. 15.12.1983 – 1 BvR 209/83, NJW 1984, 419, 422.
[40] Handbuch IT- und Datenschutzrecht-*Conrad*, § 34 Recht des Datenschutzes, Rn. 74.
[41] BDSG/DSGVO-*Plath*, § 1 BDSG, Rn. 24.
[42] BDSG/DSGVO-*Plath*, § 1 BDSG, Rn. 24.
[43] Teil 3 des DSG NRW bezieht sich auf die Umsetzung der Richtlinie (EU) 2016/680, welche den Datenschutz für Behörden der Strafverfolgung und des Strafvollzugs regelt. Somit ist Teil 3 für die Schulverwaltung nicht anwendbar und wird in diesem Leitfaden nicht weiter betrachtet.

lere Regelung ist indes das bereichsspezifische Recht dem DSG NRW vorrangig. Bezüglich des Datenschutzes sind insbesondere die §§ 120-122 SchulG NRW zu nennen, welche primär den Schutz der Daten von Schülern, Eltern und Lehrern regeln. Diese Regelungen des SchulG werden in der Verordnung über die zur Verarbeitung zugelassenen Daten der Lehrerinnen und Lehrer (VO-DV I) sowie in der Verordnung über die zur Verarbeitung zugelassenen Daten von Schülerinnen, Schülern und Eltern (VO-DV II) weiter ausgestaltet.

Da das SchulG NRW noch nicht an die DS-GVO angepasst wurde, sind Konflikte zwischen dem SchulG NRW und der DS-GVO nicht ausgeschlossen. Wie auch bei anderen Konflikten zwischen europäischem und nationalem Recht[44] ist im Konfliktfall zuerst zu versuchen, das SchulG NRW unionsrechtskonform auszulegen. Ist dies nicht möglich, ist die entsprechende Bestimmung des SchulG NRW nicht anzuwenden.

Zusammenfassend ist also für den Rechtsrahmen in der Schulverwaltung festzuhalten, dass die DS-GVO vorrangig ist. Das DSG NRW gestaltet die Öffnungsklauseln der DS-GVO aus. Bereichsspezifische Regelungen, wie die §§ 120-122 SchulG NRW i. V. m. VO-DV I und VO-DV II, sind dem DSG NRW gegenüber vorrangig – nicht aber der DS-GVO.

Nachfolgend werden die wichtigsten Konzepte der DS-GVO vorgestellt. Denn als vorrangige Norm bildet die DS-GVO auch den Rahmen für die anderen Regelungen im Bereich des Datenschutzes.

Art. 5 DS-GVO regelt die Grundsätze für die Verarbeitung personenbezogener Daten. Der Begriff der Verarbeitung bezieht sich nach Art. 4 Nr. 2 DS-GVO auf jeden im

---

44   EUV/AEUV-*Streinz*, Art. 4 EUV, Rn. 39.

Zusammenhang mit personenbezogenen Daten aus-
geführten Vorgang. Der Begriff ist weit auszulegen und
umfasst jeglichen Umgang mit personenbezogenen
Daten[45]. Letztere umfassen nach Art. 4 Nr. 1 DS-GVO
alle Informationen, die sich auf eine identifizierte oder
identifizierbare natürliche Person beziehen. Beispielsweise handelt es sich bei dem Namen einer Person um
ein personenbezogenes Datum dieser Person.

Nach Art. 5 I lit. a DS-GVO muss die Verarbeitung personenbezogener Daten rechtmäßig sein. Rechtmäßig ist
eine Verarbeitung, wenn einer der in Art. 6 I lit. a-f DS-
GVO aufgeführten Rechtmäßigkeitsgründe vorliegt.

Ein in der Praxis zumindest für den nichtöffentlichen
Bereich bedeutender Rechtmäßigkeitsgrund ist die Einwilligung nach Art. 6 I lit. a DS-GVO. Allerdings stellt Art.
7 DS-GVO einige Anforderungen an eine solche Einwilligung. Die Einwilligung als Rechtmäßigkeitsgrund hat insbesondere den Nachteil, dass sie nach Art. 7 III DS-GVO
jederzeit widerrufen werden kann.

Für Softwareentwicklungsprojekte der Schulverwaltung
kommt insbesondere Art. 6 I lit. e DS-GVO als Rechtmäßigkeitsgrund in Frage, demzufolge die Verarbeitung
rechtmäßig ist, wenn sie für die Wahrnehmung einer Aufgabe, die im öffentlichen Interesse liegt oder in Ausübung
öffentlicher Gewalt erfolgt, erforderlich ist[46]. Allerdings
darf die Verarbeitung nicht über den gesetzlich zugewie-
senen Aufgaben- und Zuständigkeitsbereich der daten-
verarbeitenden Stelle hinausgehen[47]. Dieser Rechtmäßigkeitsgrund erfordert keine Einwilligung der betrof-

---

[45] BeckOK Datenschutzrecht-*Schild*, Art. 4 DS-GVO, Rn. 32.
[46] BeckOK Datenschutzrecht-*Albers/Veit*, Art. 6 DS-GVO, Rn. 38.
[47] BeckOK Datenschutzrecht-*Albers/Veit*, Art. 6 DS-GVO, Rn. 41.

fenen Person. Somit kann die Einwilligung auch nicht nachträglich zurückgezogen werden.

Art. 6 I DS-GVO enthält noch weitere Rechtmäßigkeitsgründe, die in der Schulverwaltung allerdings weniger bedeutend sind.

Neben der Rechtmäßigkeit der Verarbeitung beinhaltet Art. 5 DS-GVO weitere Grundsätze für die Verarbeitung personenbezogener Daten. So dürfen personenbezogene Daten nach Art. 5 I lit. b nur zweckgebunden, d. h. für festgelegte und legitime Ziele, verarbeitet werden. Der Grundsatz der Datenminimierung aus Art. 5 I lit. c DS-GVO fordert, dass lediglich die für die Verarbeitung erforderlichen Daten verarbeitet werden. Dem in Art. 5 I lit. d DS-GVO normierten Grundsatz der Richtigkeit zufolge dürfen nur aktuelle und sachlich richtige Daten verarbeitet werden. Der Grundsatz der Speicherbegrenzung aus Art. 5 I lit. e DS-GVO schreibt vor, dass personenbezogene Daten grundsätzlich gelöscht werden müssen, wenn der Zweck der Verarbeitung erreicht ist. Art. 5 I lit. f DS-GVO gibt die Sicherheitsziele Integrität und Vertraulichkeit vor. Diese Ziele werden im Abschnitt 4.3 zur Informationssicherheit erläutert.

Schließlich legt Art. 5 II DS-GVO fest, dass der für die Datenverarbeitung Verantwortliche für die Einhaltung der in Art. 5 I DS-GVO aufgezählten Grundsätze verantwortlich ist. Verantwortlicher ist Art. 4 Nr. 7 DS-GVO zufolge die natürliche oder juristische Person, Einrichtung oder andere Stelle, die allein oder gemeinsam mit anderen über die Zwecke und Mittel der Verarbeitung personenbezogener Daten entscheidet. In der Schulverwaltung wird der Verantwortliche regelmäßig die jeweilige Behörde oder Einrichtung sein, die mit der zu entwickelnden Software personenbezogene Daten verarbeitet.

Neben den Grundsätzen zur Verarbeitung personenbezogener Daten sind auch die Regelungen des Art. 25 DS-GVO von unmittelbarer Bedeutung für solche Softwareentwicklungsprojekte. Denn Art. 25 I DS-GVO verpflichtet den für die Verarbeitung Verantwortlichen zu geeigneten technisch-organisatorischen Maßnahmen zur Erfüllung der Anforderungen der DS-GVO und zum Schutz der Rechte der Betroffenen. Diese Pflicht ist nicht grenzenlos. Vielmehr sind der Stand der Technik, die Implementierungskosten und die Risiken für die Rechte und Freiheiten natürlicher Personen gegeneinander abzuwägen[48]. Ferner ist der Verantwortliche nach Art. 25 II DS-GVO zu technisch-organisatorischen Maßnahmen verpflichtet, die sicherstellen, dass durch Voreinstellungen nur die erforderlichen personenbezogenen Daten verarbeitet werden.

Die Artt. 12 ff. DS-GVO regeln wesentliche Rechte der von einer Datenverarbeitung Betroffenen (sogenannte Betroffenenrechte).

So normieren die Artt. 13, 14 DS-GVO eine Informationspflicht gegenüber dem Betroffenen. Beispielsweise ist nach Artt. 13 I, 14 I DS-GVO unter anderem darzulegen, wer zu welchen Zwecken und auf welcher Rechtsgrundlage die personenbezogenen Daten verarbeitet und an wen die Daten gegebenenfalls übermittelt werden. Dieser Informationspflicht könnte beispielsweise mittels vorformulierter Erklärungen, die in der Software an geeigneter Stelle angezeigt werden, nachgekommen werden.

Art. 15 DS-GVO regelt ein Auskunftsrecht von Betroffenen gegenüber dem Verarbeiter, das sich auf ähnliche Informationen bezieht wie die Artt. 13, 14 DS-GVO. Hier kann eine in der Software eingebaute Auskunftsfunktion

---

[48] BeckOK Datenschutzrecht-*Paulus*, Art. 25 DS-GVO, Rn. 4.

die Zusammenstellung der erforderlichen Informationen erleichtern.

Betroffene haben nach Art. 16 DS-GVO das Recht auf die Berichtigung sie betreffender unrichtiger personenbezogener Daten. Eine solche Funktion wird regelmäßig im Interesse des Verarbeiters sein und somit ohnehin umgesetzt werden.

Nach Art. 17 DS-GVO hat der Betroffene unter bestimmten Voraussetzungen das Recht, die Löschung ihn betreffender personenbezogener Daten zu verlangen. Die Software sollte daher auch eine entsprechende Löschfunktion bereitstellen, die alle personenbezogenen Daten einer Person löscht, ohne dass hierfür beispielsweise die einzelnen Daten in den verschiedenen Modulen eines Programms separat gelöscht werden müssen.

Art. 18 DS-GVO normiert das Recht eines Betroffenen auf Einschränkung der Verarbeitung seiner personenbezogenen Daten. Dieses Recht spielt vor allem in Fällen eine Rolle, wo eine Löschung oder Berichtigung nicht möglich oder unvernünftig ist (etwa wenn der jeweilige Anspruch noch nicht geklärt ist)[49]. Dieses Betroffenenrecht kann durch die Einführung eines Sperrvermerks in der Software realisiert werden.

Das Recht auf Berichtigung, Löschung oder Einschränkung von personenbezogenen Daten beschränkt sich nicht auf den Verantwortlichen. Sofern er die Daten an Dritte weitergegeben hat, muss er nach Art. 19 DS-GVO die Berichtigung, Löschung oder Einschränkung grundsätzlich auch diesen Empfängern mitteilen[50]. Ferner muss der Verantwortliche dem Betroffenen auf dessen Verlangen die jeweiligen Empfänger mitteilen. Idealer-

---

[49] BeckOK Datenschutzrecht-*Worms*, Art. 18 DS-GVO, Rn. 1.

[50] BeckOK Datenschutzrecht-*Worms*, Art. 19 DS-GVO, Rn. 6.

weise stellt die Software des Verantwortlichen entsprechende Kommunikationsmechanismen mit den Systemen
der Empfänger zur Verfügung. Ebenso könnte die Software protokollieren, an welche Dritten personenbezogene Daten übermittelt wurden, sodass eine automati-
sierte Auskunft an den Betroffenen möglich ist.

Gemäß Art. 20 DS-GVO hat der Betroffene das Recht,
die Herausgabe der ihn betreffenden personenbezogenen Daten vom Verantwortlichen in einem struktu-
rierten, gängigen und maschinenlesbaren Format zu
erhalten. Allerdings schließt Art. 20 III 2 DS-GVO die
Ausübung dieses Rechts auf Datenübertragbarkeit aus,
wenn das öffentliche Interesse oder die Ausübung öffentlicher Gewalt Rechtmäßigkeitsgrund der Datenverarbeitung ist. Da dies bei Behörden und Einrichtungen typischerweise der Fall ist[51], wird dieses Recht bei Softwareentwicklungsprojekten der Schulverwaltung nur von
untergeordneter Bedeutung sein.

Wenn die Datenverarbeitung auf Grundlage von Art. 6 I
lit. e erfolgt, hat der Betroffene nach Art. 21 DS-GVO das
Recht, Widerspruch gegen die Datenverarbeitung einzu-
legen. Der Verantwortliche darf die Daten dann grundsätzlich nicht mehr weiterverarbeiten. Dieses Recht wird
allerdings in Art. 21 I 2 DS-GVO beschränkt, wenn der
Verantwortliche entsprechende schutzwürdige Gründe
vorweisen kann, die die Interessen, Rechte und Freiheiten des Betroffenen überwiegen, oder wenn die Verarbeitung der Geltendmachung, Ausübung oder Verteidi-
gung von Rechtsansprüchen dient.

An einer Datenverarbeitung sind bisweilen auch Dritte
beteiligt. Das ist insbesondere dann der Fall, wenn die
entwickelte Software in Form von Webanwendungen

---

[51]   BeckOK Datenschutzrecht-*Lewinski*, Art. 20 DS-GVO, Rn. 20.

durch einen Dienstleister betrieben wird. In diesen Fällen sind die Regelungen der DS-GVO zur Auftragsverarbeitung anwendbar. Eine solche Auftragsverarbeitung hat nach Art. 28 III DS-GVO auf Grundlage eines Vertrags oder eines anderen Rechtsinstruments zu erfolgen. Regelmäßig wird die Grundlage ein Auftragsverarbeitungsvertrag sein[52]. Für einen solchen Vertrag stehen Standardvertragsklauseln zur Verfügung, die im Auftragsdatenverarbeitungsvertrag verwendet werden können[53]. Auftragsverarbeiter und Verantwortlicher haften bei Verstößen gegen die DS-GVO nach Art. 82 II DS-GVO im Außenverhältnis grundsätzlich gesamtschuldnerisch. Auch wenn es mit Art. 82 III DS-GVO eine Exkulpationsmöglichkeit unter anderem für den Verantwortlichen gibt, sollten Auftragsverarbeiter – wie von Art. 28 I DS-GVO gefordert – sorgsam ausgewählt werden[54].

Spezielle Vorschriften bestehen im Übrigen für den Schutz besonders sensibler personenbezogener Daten (Art. 9 I DS-GVO) und den aufgrund einer Öffnungsklausel landesrechtlich geregelten Arbeitnehmerdatenschutz (§ 18 DSG NRW).

Das Datenschutzrecht ist ein komplexes Rechtsgebiet[55]. Dementsprechend werden die Mitarbeiter von Softwareentwicklungsprojekten der Schulverwaltung nicht alle Regeln selbst berücksichtigen können. Da Behörden und Einrichtungen der Schulverwaltung nach Art. 37 I lit. a DS-GVO ohnehin einen Datenschutzbeauftragten benennen müssen, bietet es sich daher an, das Soft-

---

52 BeckOK Datenschutzrecht-*Spoerr*, Art. 28 DS-GVO, Rn. 46.

53 BeckOK Datenschutzrecht-*Spoerr*, Art. 28 DS-GVO, Rn. 46.

54 Entsprechend der Zielsetzung dieser Arbeit werden Exkulpationsmöglichkeiten des Auftragsverarbeiter hier nicht berücksichtigt.

55 *Moos/Schefzig/Arning*, S. 5.

wareentwicklungsvorhaben frühzeitig mit dem Datenschutzbeauftragten zu besprechen und entsprechende
Anforderungen gemeinsam abzustimmen. Wie weiter
unten noch gezeigt wird, ist die Einbindung des Datenschutzbeauftragten faktisch ohnehin spätestens in der
Projektphase Voraussetzungen prüfen erforderlich.

4.3 Informationssicherheit

Informationssicherheit bezeichnet § 2 II BSI-Gesetz
(BSIG) zufolge das Einhalten von Sicherheitsstandards in
informationstechnischen   Systemen   (IT-Systemen),
Komponenten oder Prozessen sowie bei der Anwendung
dieser Systeme, Komponenten oder Prozesse, sodass
die Verfügbarkeit, Integrität und Vertraulichkeit von
Informationen gewährleistet sind. Die Verfügbarkeit von
Informationen ist gewährleistet, wenn sie für Berechtigte
ausreichend schnell zur Verfügung stehen[56]. Die Integrität ist gewährleistet, wenn Informationen nur von Berechtigten verändert werden können[57]. Die Vertraulichkeit von
Informationen bezieht sich darauf, dass Informationen
nur von Berechtigten eingesehen werden können[58]. Der
in § 2 I BSIG definierte Begriff der Informationstechnik ist
weit gefasst und beinhaltet alle technischen Mittel zur
Verarbeitung von Informationen. Damit umfasst er auch
die im Rahmen von Softwareentwicklungsprojekten entstehende Software.

Um zu vermeiden, dass Bund und Länder die Regelungen zur Informationssicherheit allzu unterschiedlich
ausgestalten, wird die Normgebung im Bereich der
Informationssicherheit durch den IT-Planungsrat koordiniert. In seiner neunten Sitzung am 25.10.2012 traf er

---

[56] *Kersten et al.*, S. 6 sowie *Gadatsch/Mangiapane*, S. 17.
[57] *Kersten et al.*, S. 6 sowie *Gadatsch/Mangiapane*, S. 19.
[58] *Kersten et al.*, S. 6 sowie *Gadatsch/Mangiapane*, S. 21.

den Beschluss 2013/01, der die Leitlinie Informationssicherheit des IT-Planungsrats einschließlich eines dazu-
gehörigen Umsetzungsplans für Bund und Länder ver-
bindlich erklärt[59]. Die Leitlinie legt die Orientierung am IT-
Grundschutz als Mindestsicherheitsniveau fest[60]. Der
nachfolgend vorgestellte IT-Grundschutz ist ein in der
Bundesrepublik weitverbreitetes Regelwerk zur Informationssicherheit[61]. Die Umsetzung der Leitlinie im jeweiligen Zuständigkeitsbereich ist Sache von Bund und Ländern[62]. Daher gibt es für die Länder eigenständige
Rechtsgrundlagen zur Informationssicherheit, die sich
aber ebenfalls im Rahmen der Vorgaben der Leitlinie
Informationssicherheit des IT-Planungsrats bewegen. So
verweist die durch § 23 II Nr. 10 EGovG NRW (nachträglich) legitimierte Leitlinie zur Informationssicherheit der
Landesverwaltung Nordrhein-Westfalen (Informationssicherheitsleitlinie NRW, kurz ISL NRW) ebenfalls auf
den IT-Grundschutz[63]. Die Ministerien werden dazu auf-
gerufen, für ihre Geschäftsbereiche ergänzende Informa-
tionssicherheitsleitlinien zu erlassen[64]. Dementsprechend
gestaltet das Ministerium für Schule und Bildung des
Landes NRW (MSB NRW) die ISL NRW in der Leitlinie
zur Informationssicherheit des Ministeriums für Schule
und Bildung des Landes Nordrhein-Westfalen (ISL MSB)

---

[59] Bekanntmachung – Entscheidungen des IT-Planungsrats (Stand:
12. März 2014) vom 10. April 2014, Bundesanzeiger (Amtlicher
Teil), 09.05.2014. Mit dieser Bekanntmachung veröffentlichte das
Bundesministerium des Inneren eine Sammlung der von der ersten
bis zur zwölften Sitzung des IT-Planungsrats getroffenen
Beschlüsse im Bundesanzeiger.

[60] *IT-Planungsrat*, Leitlinie für die Informationssicherheit in der
öffentlichen Verwaltung (Hauptdokument), S. 7.

[61] *Müller*, S. 80.

[62] *IT-Planungsrat*, Leitlinie für die Informationssicherheit in der
öffentlichen Verwaltung (Hauptdokument), S. 5.

[63] *Land NRW*, S. 5.

[64] *Land NRW*, S. 4.

für die Schulverwaltung weiter aus. Sie gilt für alle nach-geordneten Behörden und Einrichtungen sowie die Bezirksregierungen, soweit sie Aufgaben für den Geschäftsbereich des MSB NRW erfüllen[65]. Sie legt ebenfalls die Orientierung am IT-Grundschutz fest[66]. Somit gilt der IT-Grundschutz für die gesamte Schulver-waltung des Landes NRW.

Der IT-Grundschutz wird vom Bundesamt für Sicherheit in der Informationstechnik (BSI) herausgegeben. Er umfasst vier BSI-Standards und das IT-Grundschutz-Kompendium. Jeder BSI-Standard hat eine andere Ziel-setzung. So beschreibt der BSI-Standard 200-1 die all-gemeinen Anforderungen an ein organisatorisches System zum Management der Informationssicherheit[67] (nachfolgend kurz als Managementsystem bezeichnet). Der BSI-Standard 200-2 erklärt, wie ein solches Manage-mentsystem aufgebaut werden kann[68]. Ziel des BSI-Standards 200-3 ist eine Vorgehensweise zur Steuerung der Risiken für die Informationssicherheit[69]. Der BSI-Standard 100-4[70] beschreibt ein Managementsystem zur Fortführung des Dienstbetriebs im Fall von Notfällen und Krisen[71]. Während die BSI-Standards eher auf abstrakte – primär organisatorische – Konzepte und Prinzipien zur Informationssicherheit abstellen, beinhaltet das IT-Grund-schutz-Kompendium basierend auf typischen Gefähr-

---

[65] *MSB NRW,* Leitlinie zur Informationssicherheit des Ministeriums für Schule und Bildung des Landes Nordrhein-Westfalen, S. 4 f.

[66] *MSB NRW,* Leitlinie zur Informationssicherheit des Ministeriums für Schule und Bildung des Landes Nordrhein-Westfalen, S. 7.

[67] *BSI,* BSI-Standard 200-1, S. 12.

[68] *BSI,* BSI-Standard 200-2, S. 11.

[69] *BSI,* BSI-Standard 200-3, S. 5.

[70] Der BSI-Standard 100-4 ist zwar Teil einer Vorgängerversion des IT-Grundschutzes, hat aber nach wie vor Gültigkeit (*Müller,* S. 90). Es gibt noch keinen BSI-Standard 200-4.

[71] *BSI,* BSI-Standard 100-4, S. 4.

dungen konkrete Anforderungen und teilweise auch Hinweise zu deren Umsetzung[72]. Insofern ist das IT-Grundschutz-Kompendium für Softwareentwicklungsprojekte das in der Praxis bedeutendere Regelwerk.

Der IT-Grundschutz (und damit auch das IT-Grundschutz-Kompendium) bezieht sich grundsätzlich auf alle infrastrukturellen, organisatorischen, personellen und technischen Komponenten einer IT-Infrastruktur[73]. Dementsprechend beinhaltet das IT-Grundschutz-Kompendium eine große Zahl von Bausteinen, welche sich auf die gesamte IT-Infrastruktur eines typischen Unternehmens bzw. einer typischen Behörde beziehen[74]. Für Softwareentwicklungsprojekte ist nur eine Teilmenge der Bausteine unmittelbar anwendbar. Dazu zählen insbesondere die Bausteine CON.5 (Entwicklung und Einsatz von Individualsoftware) und CON.8 (Software-Entwicklung). Diese Bausteine sollten daher auf jeden Fall im Rahmen solcher Projekte berücksichtigt werden. Ohnehin sollten die Bausteine der CON-Reihe mit Ausnahme von CON.7 (Informationssicherheit auf Auslandsreisen) in jedem Softwareentwicklungsprojekt zumindest kurz auf Relevanz geprüft werden. Die Bausteine des Grundschutz-Kompendiums sollten bereits in einem frühen Stadium eines Softwareentwicklungsprojekts berücksichtigt werden, da nachträgliche Änderungen aufgrund von Sicherheitsanforderungen mehr Kosten verursachen als bei einer frühzeitigen Berücksichtigung[75].

---

[72] *BSI,* IT-Grundschutz-Kompendium, Kap. 1, S. 5.

[73] *BSI,* BSI-Standard 200-1, S. 29.

[74] Vgl. beispielsweise die Liste der Bausteine in *BSI,* IT-Grundschutz-Kompendium, Kap. 2, S. 2 ff.

[75] *Müller,* S. 18.

4.4 Barrierefreiheit

Barrierefreiheit ist § 4 Behindertengleichstellungsgesetz (BGG) zufolge eine Eigenschaft von Systemen der Informationsverarbeitung, die es Menschen mit Behinderungen ermöglicht, diese Systeme in der allgemein üblichen Weise, ohne besondere Erschwernis und grundsätzlich ohne fremde Hilfe aufzufinden und zu nutzen. Da Software eine Komponente von Systemen der Informationsverarbeitung ist, wird diese Definition von Barrierefreiheit im Folgenden auch für die Barrierefreiheit von Software verwendet.

Die Barrierefreiheit von Software wird von einer Reihe von Normen geregelt. So unterzeichnete die Bundesrepublik mit der UN-Behindertenrechtskonvention (UN-BRK) einen völkerrechtlichen Vertrag, der am 21.12.2008 Teil des nationalen Rechts wurde[76]. Zwar verpflichtet Art. 9 I UN-BRK die Bundesrepublik dazu, Menschen mit Behinderungen einen gleichberechtigten Zugang zu „Informations- und Kommunikationstechnologien und -systemen" zu ermöglichen. Die UN-BRK ist jedoch eher allgemein gehalten[77]. Konkrete Handlungsanweisungen für Softwareentwicklungsprojekte sind der UN-BRK nicht zu entnehmen.

---

[76] Art. 1 des Gesetzes zu dem Übereinkommen der Vereinten Nationen vom 13. Dezember 2006 über die Rechte von Menschen mit Behinderungen sowie zu dem Fakultativprotokoll vom 13. Dezember 2006 zum Übereinkommen der Vereinten Nationen über die Rechte von Menschen mit Behinderungen.

[77] *Oliveira*, S. 30.

Die Richtlinie (EU) 2016/2102[78] ist hier deutlich konkreter. Sie gilt nach Art. 1 I, II Richtlinie (EU) 2016/2102 für Websites und mobile Anwendungen öffentlicher Stellen und legt Art. 2 Richtlinie (EU) 2016/2102 zufolge Mindestanforderungen zur Barrierefreiheit fest. Als mobile Anwendungen gilt gemäß Art. 3 Nr. 2 Richtlinie (EU) 2016/2102 Software, die zur Nutzung durch die breite Öffentlichkeit auf mobilen Geräten wie Smartphones oder Tablets konzipiert wurde. Die Richtlinie gilt somit nicht für Software für klassische Arbeitsplatz-PCs (sogenannte Desktop-Anwendungen). Gemäß Art. 6 I Richtlinie (EU) 2016/2102 wird vermutet, dass Websites und mobile Anwendungen die Barrierefreiheitsanforderungen erfüllen, wenn sie die Anforderungen entsprechender harmonisierter europäischer Normen[79] erfüllen. Mit dem Durchführungsbeschluss (EU) 2018/2048 wurde mit der EN 301 549 V2.1.2 (2018-08)[80] eine solche harmonisierte europäische Norm im Amtsblatt der Europäischen Union veröffentlicht. Somit gilt die EN 301 549 faktisch als Mindestanforderung zur Barrierefreiheit für Websites und mobile Anwendungen[81]. Die EN 301 549 verweist wiederum auf den in der Praxis bedeutenden[82] internationalen Standard Web Content Accessibility Guidelines

---

[78] In dieser Arbeit wird bei Richtlinien und Verordnungen der EU vorrangig die verbreitete Kurzbezeichnung verwendet. Eine solche Kurzbezeichnung scheint sich bei der Richtlinie (EU) 2016/2102 jedoch nicht etabliert zu haben. Daher wird hier auf eine Kurzbezeichnung verzichtet.

[79] In diesem Zusammenhang ist Norm im Sinne eines internationalen Standards zu verstehen und nicht als Rechtsnorm. Harmonisierte europäische Normen sind Standards, die die Voraussetzungen der Verordnung (EU) 1025/2012 erfüllen.

[80] Nachfolgend kurz als EN 301 549 bezeichnet.

[81] Dieser nicht offensichtliche Zusammenhang wird in Erwägungsgrund 6 des Durchführungsbeschlusses (EU) 2018/2048 sowie in EN 301 549 V2.1.2 (2018-08), S. 80 zusammengefasst.

[82] *Morsbach*, S. 103.

(WCAG) in den Versionen 2.0 sowie 2.1[83]. Da der WCAG 2.1 bestrebt ist, auch die Konformität mit WCAG 2.0 zu beinhalten[84], bietet es sich an, gleich die Konformität mit WCAG 2.1 anzustreben.

Die Umsetzung der Richtlinie ist Sache der Mitgliedsstaaten. Auf Bundesebene ist die Richtlinie im BGG sowie der nach § 12d BGG erlassenen Verordnung BITV 2.0 umgesetzt. Allerdings stellt § 1 la BGG klar, dass das BGG nicht auf Landesebene gilt. Dementsprechend haben die Landesgesetzgeber entsprechende Regelungen erlassen. So wurden für NRW das BGG NRW sowie die ergänzende Verordnung BITV NRW erlassen. Sowohl das BGG NRW als auch die BITV NRW lehnen sich eng an die Richtlinie (EU) 2016/2102 an. So verpflichten die §§ 10 II BGG NRW, 3 I BITV NRW öffentliche Stellen des Landes dazu, Websites und mobile Anwendungen entsprechend der Richtlinie (EU) 2016/2102 barrierefrei zu gestalten. Nach den §§ 10a I Nr. 1 BGG NRW, 2 2 Inklusionsgrundsätzegesetz Nordrhein-Westfalen (IGG NRW) gelten alle Dienststellen und Einrichtungen des Landes als öffentliche Stellen. Daher handelt es sich bei den Behörden und Einrichtungen der Schulverwaltung des Landes um solche öffentlichen Stellen. Nach § 17 I Nr. 3 BITV NRW sind diese Anforderungen für mobile Anwendungen allerdings erst ab dem 23. Juni 2021 verpflichtend. Für Webseiten gelten sie gemäß § 17 I Nr. 3 BITV NRW bereits.

Während die Richtlinie (EU) 2016/2102 keine zwingenden Regelungen über andere Software wie z. B. Desktop-Anwendungen trifft, fordert § 10 I BGG NRW, dass allgemein Programmoberflächen im Bereich der

---

83   Beispielsweise verweist EN 301 549, S. 40 auf die WCAG in den Versionen 2.0 und 2.1.

84   WCAG 2.1, Abschnitt 0.5.3.

elektronischen Datenverarbeitung technisch so gestaltet werden, dass sie von Menschen mit Behinderungen genutzt werden können. § 2 BITV NRW konkretisiert diese unbestimmte Anforderung durch einzuhaltende Grundsätze. Da die technischen Unterschiede zwischen Desktop-Anwendungen, mobilen Anwendungen und Websites zunehmend verschwimmen[85] und die von der Richtlinie (EU) 2016/2102 referenzierte europäische Norm EN 301 549 bei ihren Anforderungen an Software explizit auch auf jede Form von Software mit menschlicher Interaktion abstellt[86], bietet es sich an, bei jeder neuen Software die Barrierefreiheit gemäß EN 301 549 und damit WCAG anzustreben.

Darüber hinaus fordern §§ 10b I BGG NRW, 4 I BITV NRW, dass öffentliche Stellen für Websites und mobile Anwendungen eine Erklärung zur Barrierefreiheit bereitstellen. Die Erklärung muss auch einen Feedbackmechanismus oder einen Link auf einen solchen Mechanismus enthalten, über den Mängel bei der Einhaltung der Barrierefreiheitsanforderungen mitgeteilt werden können (§§ 10b II Nr. 2 BGG NRW, 5 BITV NRW). Ferner muss die Erklärung einen Link auf ein Verfahren zur Durchsetzung der Rechte von Behinderten enthalten (§ 10b II Nr. 3 BGG NRW). Für die Schulverwaltung ist dies das in § 10d BGG NRW geregelte Ombudsverfahren des Landes. Bei der Erstellung der Erklärung zur Barrierefreiheit bietet es sich an, sich an der im Durchführungsbeschluss (EU) 2018/1523 enthaltenen Mustererklärung zu orientieren.

Von diesen Vorgaben zur Barrierefreiheit kann § 10 IV BGG NRW zufolge nur dann abgewichen werden, wenn die barrierefreie Gestaltung einen unverhältnismäßigen Aufwand bewirkt. Im Zuge einer richtlinienkonformen

---

[85] *Fischer et al.*, S. 4 f.
[86] EN 301 549 V2.1.2 (2018-08), S. 57.

Auslegung dieser Ausnahmeregelung ist hierbei eine Abwägung zwischen den Möglichkeiten der öffentlichen Stelle und dem Nutzen für Menschen mit Behinderungen vorzunehmen[87].

Da gemäß §§ 10c BGG NRW, 7 ff. BITV NRW[88] mit dem Kompetenzzentrum Barrierefreie IT (KBIT) auf Landesebene eine Überwachungsstelle zur Einhaltung der Anforderungen an die Barrierefreiheit von Websites und mobilen Anwendungen der öffentlichen Stellen eingerichtet wird, ist damit zu rechnen, dass die Einhaltung der gesetzlichen Vorgaben zur Barrierefreiheit in Zukunft stärker kontrolliert wird als bisher.

4.5 Standardisierungsbeschlüsse des IT-Planungsrats

Oben wurde gezeigt, dass die Länder über eine eigenständige Gesetzgebungsbefugnis verfügen. Die damit einhergehende Eigenständigkeit kann zu unterschiedlichen Regelungen des gleichen Sachverhalts in Bund und den einzelnen Ländern führen. Die Gesetzgeber in Bund und Ländern haben diese Problematik für den IT-Bereich erkannt und mit Art. 91c II GG eine Möglichkeit geschaffen, mit deren Hilfe Bund und Länder gemeinsame Standards und Sicherheitsanforderungen für die untereinander kommunizierenden IT-Systeme festlegen können. Da die Verwaltungsnetze von Bund und Ländern nach Art. 91c IV GG untereinander über das vom Bund betriebene Verbindungsnetz miteinander verbunden sind, findet Art. 91c II GG prinzipiell auf einen großen Teil der IT-Systeme der Länder Anwendung.

---

[87] Für Genaueres dazu vgl. Art. 5 II Richtlinie (EU) 2016/2102.
[88] Hierdurch wird Art. 8 Richtlinie (EU) 2016/2102 umgesetzt.

Mit dem Vertrag über die Errichtung des IT-Planungsrats und über die Grundlagen der Zusammenarbeit beim Einsatz der Informationstechnologie in den Verwaltungen von Bund und Ländern (IT-StV) wird Art. 91c GG weiter ausgestaltet. Nach § 1 IT-StV fungiert der IT-Planungsrat als Koordinations- und Entscheidungsgremium von Bund und Ländern. Damit dient der IT-Planungsrat als grundgesetzlich verankertes Bindeglied zwischen Bund und Ländern im IT-Bereich. § 2 IT-StV regelt die Voraussetzungen für verbindliche Beschlüsse sowie ihre Bindungswirkung.

Die Umsetzung verbindlicher Beschlüsse des IT-Planungsrats über fachunabhängige und fachübergreifende Interoperabilitäts- oder Sicherheitsstandards des Planungsrats ist nach § 20 EGovG NRW in der Landesverwaltung Nordrhein-Westfalens verpflichtend. Verbindliche Beschlüsse des IT-Planungsrats beziehen sich nach § 2 I IT-StV[89] allerdings nur auf IT-Sicherheitsstandards sowie den für die Aufgabenerfüllung notwendigen Datenaustausch mit außerhalb des Landes stehenden Stellen[90]. Wenn das Softwareentwicklungsprojekt keinem solchen Datenaustausch dient, sind die Beschlüsse des IT-Planungsrats, die sich nicht auf IT-Sicherheitsstandards beziehen, nicht nach § 20 EGovG NRW verpflichtend. In der Praxis kann es jedoch ratsam sein, sie dennoch bei Softwareentwicklungsprojekten der Schulverwaltung zu berücksichtigen. Denn spätestens, wenn die Software in einer späteren Weiterentwicklung doch Daten mit Bund

---

[89] Vormals § 3 I IT-StV a.F.. Der IT-StV wurde durch den StV vom 15.03.2019 mit Wirkung vom 01.10.2019 geändert. Vgl. auch BGBl. Jg. 2019 Teil I Nr. 51 vom 20.12.2019, S. 2851.

[90] EGovG/OZG-*Lenkhaus/Richter/Bostelmann*, § 20 EGovG NRW, Rn. 3.

oder anderen Ländern austauscht, kommt § 20 EGovG NRW zur Anwendung.

Ein Beispiel für solche Standardisierungsbeschlüsse ist der Beschluss 2019/53, demzufolge alle IT-Verfahren, die dem Bund-Länder-übergreifenden Datenaustausch dienen, spätestens bis zum 01.11.2024 konform zum Standard DIN SPEC 91379 sein müssen[91]. Dieser Standard legt die Zeichen fest, die Systeme unterstützen müssen, die Namen von Personen verarbeiten[92].

Dementsprechend ist bei Softwareentwicklungsprojekten der Schulverwaltung zu prüfen, inwieweit Beschlüsse des IT-Planungsrats einschlägig sind. Die Entscheidungen des IT-Planungsrats können mit der Entscheidungssuche[93] erschlossen werden. Hierbei ist zu berücksichtigen, dass es sich bei vielen Entscheidungen um Empfehlungen handelt, die nicht nach § 20 EGovG NRW verpflichtend sind.

4.6 Schulrecht

In Projekten der Schulverwaltung zur Entwicklung von Software ist insbesondere das Schulrecht zu berücksichtigen. Nach Art. 70 I Grundgesetz (GG) ist die Gesetzgebung grundsätzlich Sache der Länder, soweit das Grundgesetz dem Bund nicht die Gesetzgebungsbefugnis verleiht. Der Bund verfügt im Rahmen der ausschließlichen (Art. 71 GG) oder der konkurrierenden Gesetzgebungszuständigkeit (Art. 72 GG) jedoch über eine weitreichende Gesetzgebungsbefugnis, deren Gegenstand in Art. 73 I GG bzw. Art. 74 I GG festgelegt ist. Da weder Art. 73 I GG noch Art. 74 I GG den Bildungsbereich

---

[91]   Bekanntmachung der Entscheidungen des IT-Planungsrats vom 23. Oktober 2019, Bundesanzeiger (Amtlicher Teil), 24.01.2020.

[92]   DIN SPEC 91379, S. 6.

[93]   *IT-Planungsrat,* Entscheidungssuche.

erwähnen, haben die Länder für diesen Bereich die Gesetzgebungsbefugnis. Dem BVerfG zufolge ist die Hoheit auf dem Gebiet des Schulwesens Kernstück der Eigenstaatlichkeit der Länder[94]. Dementsprechend ist in Softwareentwicklungsprojekten der Schulverwaltung das Schulrecht des jeweiligen Landes zu berücksichtigen.

In NRW regelt das Schulgesetz für das Land NRW (SchulG NRW) die rechtlichen Grundlagen des Schulwesens. Das SchulG NRW ist jedoch nicht die einzige rechtliche Regelung im Schulwesen. Insbesondere gilt noch eine erhebliche Zahl von Verordnungen und Erlassen[95]. Dementsprechend schwer ist die Rechtslage für einen Rechtslaien zu überblicken. Aus diesem Grund stellt das Ministerium für Schule und Bildung des Landes Nordrhein-Westfalen (MSB NRW) die Bereinigte Amtliche Sammlung der Schulvorschriften (BASS) online zur Verfügung[96]. Diese Sammlung kann über eine Suchfunktion erschlossen werden.

Verbleiben dann noch rechtliche Unklarheiten, bietet es sich an, die entsprechenden Referate im MSB NRW oder Dezernate der jeweils zuständigen Bezirksregierung um eine Einschätzung zu bitten. Die thematischen Zuständigkeiten der Referate im MSB NRW können dem Organisationsplan[97] entnommen werden. Die Bezirks-

---

[94] *BVerfG*, Urt. v. 26.03.1957 – 2 BvG 1/55, Abschnitt E.I. Nr. 2 lit. b. Das Urteil ist in NJW 1957, 706 nur gekürzt wiedergegeben. Der hier relevante Auszug fehlt jedoch in diesem Beitrag.

[95] Die Liste der geltenden Gesetze und Verordnungen sowie die Liste der geltenden Erlasse auf dem Portal recht.nrw.de vermitteln einen ersten Eindruck über die Zahl der rechtlichen Regelungen im Schulbereich (*IM NRW*, Geltende Gesetze und Verordnungen (Schul- und Volksbildungswesen) bzw. *IM NRW*, Geltende Erlasse (Schul- und Volksbildungswesen)).

[96] *MSB NRW*, Bereinigte Amtliche Sammlung der Schulvorschriften NRW.

[97] *MSB NRW*, Organisationsplan.

regierungen veröffentlichen ebenfalls ihre Organisations-
pläne[98].

4.7 Technische Ausstattung der Schulen

Manche Projekte der Schulverwaltung richten sich an
Schulen. Hierzu zählt beispielsweise die Lern- und
Kommunikationsplattform LOGINEO NRW[99]. Da die
Lehrer an öffentlichen Schulen nach § 57 IV SchulG
NRW Landesbedienstete sind, könnte sie das Land
prinzipiell zum Einsatz von bestimmten Softwaresyste-
men verpflichten. Solche Softwaresysteme setzen jedoch
häufig eine gewisse Einheitlichkeit der IT-Infrastruktur an
den Schulen voraus. Allerdings sind die Kommunen nach
§ 79 SchulG NRW als Schulträger für die IT-Ausstattung
der Schulen zuständig. Gemäß dem Konnexitätsprinzip
des Art. 78 III Landesverfassung NRW kann das Land die
Kommunen nur dann zu bestimmten Standards der IT-
Ausstattung verpflichten, wenn es auch einen entsprechenden finanziellen Ausgleich schafft. Dies führt in der
Praxis dazu, dass das Land zurückhaltend ist, konkrete
Vorgaben für die IT-Ausstattung der Schulen zu machen.
Daher können Softwareentwicklungsprojekte der Schulverwaltung, die sich an die Schulen richten, nicht von
einer einheitlichen IT-Ausstattung der Schulen ausgehen.

§ 21 E-Government-Gesetz Nordrhein-Westfalen
(EGovG NRW) ordnet zwar die Einrichtung des IT-
Kooperationsrats NRW an. Dieser dient nach § 21 I, II
EGovG NRW der Zusammenarbeit von Land und
Gemeinden bzw. Gemeindeverbänden in IT-Angelegen-
heiten. Die Gestaltungsmöglichkeiten des IT-Koopera-

---

[98] So z. B. der Organisationsplan der Bezirksregierung Arnsberg
(*Bezirksregierung Arnsberg*).
[99] *Medienberatung NRW.*

tionsrats NRW beschränken sich jedoch nach § 21 III, IV, V EGovG NRW auf ein Beteiligungsrecht bei Angelegenheiten der ebenenübergreifenden Kooperation in der Informationstechnik sowie der Aussprache von Empfehlungen. Damit halten sich die konkreten Auswirkungen auf Softwareentwicklungsprojekte der Schulverwaltung in engen Grenzen. Eine landesweite Vereinheitlichung der IT-Ausstattung der Schulen zeichnet sich bislang jedenfalls noch nicht ab.

Um die größtmögliche Kompatibilität mit den unterschiedlichen IT-Umgebungen zu erreichen, werden in der Praxis Anwendungen oft in Form von Webanwendungen bereitgestellt. Da Webanwendungen nur einen Browser und eine Internetverbindung erfordern, stellen sie weniger technische Anforderungen an die IT-Umgebung als klassische Software[100]. Diese Eigenschaft nutzt die Schulverwaltung vermehrt in Softwareentwicklungsprojekten, welche sich an Schulen richten. Beispielsweise handelt es sich bei LOGINEO NRW um eine solche Webanwendung.

4.8 Verwaltungsverfahrensrecht

Während das Schulrecht als Fachrecht Sachverhalte eines bestimmten Themengebiets regelt und somit auf dieses Rechtsgebiet beschränkt ist, regelt das Verwaltungsverfahrensrecht das Handeln der Behörde bei Verwaltungsverfahren unabhängig von der konkreten Aufgabenstellung. Durch ein solches allgemeines Verwaltungsverfahrensrecht unterliegen Verwaltungsverfahren

---

[100] *Fischer et al.*, S. 8.

unabhängig vom jeweils zugrunde liegenden Fachrecht einer einheitlichen Regelung[101].

Ein Verwaltungsverfahren ist nach § 9 Verwaltungsverfahrensgesetz[102] (VwVfG)die nach außen wirkende Tätigkeit von Behörden, die auf Prüfung der Voraussetzungen, die Vorbereitung und den Erlass eines Verwaltungsaktes oder auf Abschluss eines öffentlich-rechtlichen Vertrags gerichtet ist. Daher ist bei Softwareentwicklungsprojekten zu prüfen, ob die im Rahmen des Softwareentwicklungsprojekts zu entwickelnde Software ein Verwaltungsverfahren oder Teile hiervon abbildet. Wenn dies der Fall ist, muss im Softwareentwicklungsprojekt auch das Verwaltungsverfahrensrecht berücksichtigt werden. Für die Klärung dieser Frage bietet es sich an, Kontakt zum jeweils zuständigen Justiziariat aufzunehmen. Da digitale Lern- und Kommunikationsplattformen nicht auf den Erlass eines Verwaltungsaktes oder den Abschluss eines öffentlich-rechtlichen Vertrags abzielen, handelt es sich bei LOGINEO NRW beispielsweise nicht um eine Software, die ein Verwaltungsverfahren abbildet.

Bildet die im Rahmen des Projekts entstehende Software hingegen ein Verwaltungsverfahren ab, so sollte den Regelungen des VwVfG Beachtung geschenkt werden.

---

[101] *Schulz*, 159, 168. Diese Vereinheitlichung hat allerdings auch Grenzen. Beispielsweise beinhalten § 36a SGB I und § 87a AO eigenständige Regelungen zur in § 3a VwVfG geregelten elektronischen Kommunikation.

[102] Der Bund hat keine Gesetzgebungskompetenz für das Verwaltungsverfahrensrecht der Länder (*Schulz*, 159, 168). Um dennoch einen einheitlichen Rechtsrahmen zu gewährleisten, verweisen die Länder in ihren Landesverwaltungsgesetzen entweder auf das VwVfG oder geben das VwVfG weitestgehend wortgleich wieder. Letzteres wird auch als Simultangesetzgebung bezeichnet (*Schulz*, 159, 169). In Nordrhein-Westfalen wird mit dem Verwaltungsverfahrensgesetz für das Land Nordrhein-Westfalen (VwVfG NRW) die Simultangesetzgebung praktiziert.

So sieht § 37 VI VwVfG vor, dass einem schriftlichen oder elektronischen Verwaltungsakt eine Rechtsbehelfsbelehrung beizulegen ist. Sofern die Software also einen entsprechenden Verwaltungsakt vorbereitet, sollte die Software auch eine entsprechende Rechtsbehelfsbelehrung miterzeugen. Ein anderer wichtiger Regelungsbereich des VwVfG sind die Regelungen zur Berechnung von Fristen.

4.9 Aufbewahrungspflichten und Aktenführung

Behörden sind zum Führen von Akten verpflichtet. Diese Pflicht folgt aus mehreren Normen. Eine solche Norm ist das Rechtsstaatsprinzip des Art. 20 III GG. Denn nur durch Aktenführung sind staatliche Entscheidungen nachprüfbar und nachvollziehbar[103]. Auch kann die Rechtsschutzgarantie des Art. 19 IV GG nur dann wirken, wenn die Behörden das bisherige Geschehen in einem Verfahren und mögliche Erkenntnisquellen für spätere Entscheidungen objektiv dokumentieren[104].

Das Landesrecht greift die verfassungsrechtlichen Vorgaben auf und schreibt in § 15 II Gemeinsame Geschäftsordnung für die Ministerien des Landes Nordrhein-Westfalen (GGO NRW) zumindest für die Ministerien in NRW vor, dass der Stand und die Entwicklung der Vorgangsbearbeitung jederzeit aus den elektronisch geführten Akten nachvollziehbar sein müssen, wenn die Akten ausschließlich elektronisch geführt werden. Ausdrücklich stellt § 15 II GGO NRW klar, dass eine Speicherung von Dokumenten in E-Mail-Systemen oder sons-

---

[103] VwVfG-*Kallerhoff/Mayen*, § 29, Rn. 29 f.
[104] VwVfG-*Kallerhoff/Mayen*, § 29, Rn. 29 f.

tigen elektronischen Datenverzeichnissen eine Aktenführung nicht ersetzt.

Für Behörden des Landes gilt die Soll-Vorschrift § 9 III 1 EGovG NRW, die die Führung elektronischer Akten ab dem 01.01.2022 fordert. Hierbei gilt erweiterte Behördenbegriff des EGovG NRW, der neben Behörden i. S. d. § 2 LOG NRW auch Einrichtungen des Landes i. S. d. § 14 LOG NRW umfasst[105]. Für die staatlichen Schulämter und die Zentren für schulpraktische Lehrerausbildung gilt gemäß § 9 III 4 EGovG allerdings eine spätere Frist (31.12.2025). Von Soll-Vorschriften kann die Verwaltung im Rahmen des Ermessens nur in besonderen Ausnahmefällen abweichen[106]. Die Ausnahmen von dieser Soll-Vorschrift sind eng gefasst. Neben spezifischen und nicht einschlägigen Ausnahmen gilt nach § 9 III 5 EGovG NRW die Verpflichtung zur elektronischen Aktenführung nicht, wenn das Führen elektronischer Akten langfristig unwirtschaftlich ist. Ist dies der Fall, entfällt aber lediglich die Verpflichtung zur Führung von Akten in elektronischer Form. Gegebenenfalls muss die Akte stattdessen in Papierform geführt werden. Letzteres wird bei Softwareentwicklungsprojekten der Schulverwaltung aber die Ausnahme sein, da diese Projekte regelmäßig die Optimierung von Prozessen durch digitale Abläufe zum Ziel haben.

Nach § 9 II EGovG NRW ist durch technisch-organisatorische Maßnahmen sicherzustellen, dass bei der Führung elektronischer Akten die Grundsätze ordnungsgemäßer Aktenführung eingehalten werden. Diese Grundsätze werden im sich seit 2017 in der interministe-

---

[105] EGovG/OZG-*Denkhaus/Richter/Bostelmann*, § 9 EGovG NRW, Rn. 15.

[106] Creifelds kompakt Rechtswörterbuch-*Aichberger/Weber*, Ermessen (Verwaltungsermessen).

riellen Abstimmung befindlichen Entwurf der Verwaltungsvorschrift zur elektronischen Aktenführung[107] genauer ausgeführt.

Die obigen Vorschriften müssen bei Software berücksichtigt werden, in der aktenwürdiges Schriftgut entsteht oder weiterverarbeitet wird. Da insbesondere der Schutz vor unbefugter Änderung oder Löschung mit einigem technischen Aufwand verbunden ist[108] und der IT-Dienstleister des Landes (IT.NRW) der Landesverwaltung vorerst ohne Kostenverrechnung eine mit dem EGovG NRW konforme E-Akten-Lösung bereitstellt, empfiehlt es sich, die Software so zu entwickeln, dass aktenwürdiges Schriftgut in der landesweiten E-Akten-Lösung abgelegt wird. Ein entsprechendes Anbindungsdokument, welches die Anbindung von Software an diese Lösung erläutert, ist in Arbeit und wird – wie auch andere E-Government-bezogene Dokumente – voraussichtlich in der Plattform der Landesverwaltung zur Onlinezusammenarbeit NRWconnect veröffentlicht werden. Bei Unklarheiten darüber, welches Schriftgut in der E-Akte abzulegen und wie lange aufzubewahren ist, können die Handreichungen zur Aktenrelevanz[109] und zu den Aufbewahrungsfristen[110] herangezogen werden.

4.10 Schriftformersatz

Grundsätzlich ist das Verwaltungsrecht nach § 10 1 VwVfG nicht an die Schriftform gebunden. Allerdings gibt

---

[107] Entwurf der Verwaltungsvorschrift zur elektronischen Aktenführung in der Landesverwaltung nach dem E-Government-Gesetz Nordrhein-Westfalen (RdErl. des Ministeriums für Wirtschaft, Innovation, Digitalisierung und Energie des Landes Nordrhein-Westfalen).

[108] EGovG/OZG-*Denkhaus/Richter/Bostelmann*, § 9 EGovG NRW, Rn. 11.

[109] *MWIDE NRW,* Handreichung zur Aktenrelevanz.

[110] *MWIDE NRW,* Handreichung zu Aufbewahrungsfristen.

es in den Fachnormen eine Vielzahl von Schriftformerfordernissen[111]. Dementsprechend hat die Schriftform in der Verwaltungspraxis einen großen Stellenwert. Bei der Digitalisierung der Verwaltung gilt die Schriftform jedoch als ein Haupthindernis[112], da sie bei digitalen Verwaltungsverfahren einen Medienbruch erzwingt. Dementsprechend versuchte der Gesetzgeber bereits 2001 mit der im Signaturgesetz[113] geregelten qualifizierten elektronischen Signatur einen Ersatz der Schriftform zu etablieren, der sich besser für digitale Verwaltungsprozesse eignet. Mittels kryptografischer Algorithmen kann sichergestellt werden, dass eine über den elektronischen Weg abgegebene Erklärung wirklich vom Signierenden herrührt und auch nicht nachträglich verändert wurde[114]. Allerdings ist die qualifizierte elektronische Signatur kaum verbreitet[115]. Dementsprechend spielt sie auch bei Softwareentwicklungsprojekten der Schulverwaltung nur eine untergeordnete Rolle.

Für solche Projekte ist jedoch die Tatsache von Bedeutung, dass der Gesetzgeber aus dem ausbleibenden Erfolg der qualifizierten elektronischen Signatur den Schluss gezogen hat, weitere elektronische Verfahren als Schriftformersatz zuzulassen[116]. In diesem Zusammenhang sind insbesondere §§ 3a II 4 Nr. 1, 3a II 5 VwVfG von Interesse. Denn hier wird festgelegt, dass das Schriftformerfordernis durch die elektronische Form ersetzt werden kann, wenn ein von Behörden bereit-

---

[111] *Stollhoff*, DuD 37 (2013), 691, 692.

[112] *Roßnagel*, NJW 66 (2013), 2710.

[113] Das Signaturgesetz wurde inzwischen durch die Verordnung (EU) Nr. 910/2014 (eIDAS-VO) und das Vertrauensdienstegesetz abgelöst.

[114] *Stollhoff*, DuD 37 (2013), 691, 692.

[115] BeckOK VwVfG-*Müller*, § 3a VwVfG, Rn. 21.

[116] BeckOK VwVfG-*Müller*, § 3a VwVfG, Rn. 21.

gestelltes Formular verwendet wird und Bürger oder Unternehmen einen sicheren Identitätsnachweis nach § 18 Personalausweisgesetz (PAuswG), § 12 eID-Karte-Gesetz (eIDKG) oder § 78 V Aufenthaltsgesetz (AufenthG) erbringen[117].

Eine solche Identifizierung des Urhebers einer solchen Erklärung ist beispielsweise in Webanwendungen deutlich einfacher zu realisieren als die Umsetzung einer qualifizierten elektronischen Signatur. In Abschnitt 4.11 wird gezeigt, dass man bei Softwareentwicklungsprojekten der Schulverwaltung in der Praxis das Servicekonto.NRW zur Identifizierung von Bürgern und Unternehmen heranziehen wird.

Allerdings wird auf diese Weise nur die Identität desjenigen, der eine Erklärung in dem Formular abgibt, kryptografisch abgesichert. Die Gewährleistung der Manipulationsfreiheit der Erklärung im weiteren Verlauf des Verwaltungsverfahrens verbleibt Aufgabe der Behörde, die das Formular bereitstellt[118]. Bei Softwareentwicklungsprojekten der Schulverwaltung könnte dies zumindest teilweise dadurch erreicht werden, dass die Erklärung frühzeitig automatisiert in einer vor Manipulation geschützten elektronischen Akte abgelegt wird. Damit werden zumindest Manipulationen nach Ablage in der elektronischen Akte verhindert.

4.11 Identifizierungsmittel und Vertrauensdienste

Die Verordnung (EU) Nr. 910/2014 (eIDAS-VO) hat nach Art. 1 eIDAS-VO das Ziel, den Binnenmarkt zu fördern und ein angemessenes Sicherheitsniveau bei elektro-

---

[117] BeckOK VwVfG-*Müller*, § 3a VwVfG, Rn. 12.
[118] BeckOK VwVfG-*Müller*, § 3a VwVfG, Rn. 26.

nischen Identifizierungsmitteln und Vertrauensdiensten sicherzustellen. Die eIDAS-VO wird in nationalem Recht durch das Vertrauensdienstegesetz (VDG) weiter aus-gestaltet[119].

Die eIDAS-VO regelt zwei Aspekte. In Kapitel II regelt sie die elektronische Identifizierung von natürlichen und juristischen Personen mithilfe von Identifizierungsmitteln wie etwa digitalen Ausweisen. Kapitel III der eIDAS-VO regelt Vertrauensdienste. Hierbei handelt es sich Art. 3 Nr. 16 eIDAS-VO zufolge um elektronische Dienste, mit-tels derer elektronische Signaturen, Siegel, Zeitstempel und Zertifikate erstellt, überprüft und validiert werden können.

Da sich Softwareentwicklungsprojekte der Schulverwal-tung typischerweise auf fachliche Aufgaben beziehen, sind die Regelungen zur Erbringung und Aufsicht von Vertrauensdiensten hierfür weniger relevant, da es sich bei diesen Diensten um grundlegende Infrastrukturbau-steine handelt. Sofern die Software jedoch elektronische Signaturen verwendet, ist die Regelung des Art. 25 II, III eIDAS-VO von Bedeutung, die die Rechtswirkung elektronischer Signaturen stärkt, indem sie für quali-fizierte elektronische Signaturen die gleiche Rechtswir-kung anordnet wie für eine handschriftliche Unterschrift. Die qualifizierte elektronische Signatur ist in Art. 3 Nr. 12 eIDAS-VO genauer definiert. Letztlich geht es darum, dass die Signatur bestimmte Voraussetzungen erfüllen muss, die an dieser Stelle jedoch nicht weiter von Belang sind.

Im Bereich der Identifizierungsdienste ist Art. 6 I eIDAS-VO insoweit von Relevanz, als von öffentlichen Stellen erbrachte Onlinedienste, die eine Identifizierung mithilfe

---

[119] *Schulz*, 159, 161.

eines Identifizierungsmittels erfordern, unter bestimmten Voraussetzungen auch Identifizierungsmittel anderer Mitgliedsstaaten akzeptieren müssen. Das setzt nach Art. 6 I lit. a-c eIDAS-VO die Notifizierung nach Art. 9 eIDAS-VO sowie das Erreichen des Sicherheitsniveaus Hoch voraus. Beispielsweise wurde die belgische E-Karte ebenso wie der deutsche elektronische Personalausweis als Identifizierungsmittel gemäß Art. 9 eIDAS-VO für das Sicherheitsniveau Hoch notifiziert[120]. Damit muss Software der Schulverwaltung spätestens dann unter anderem auch belgische E-Karten akzeptieren, wenn die Software die Identifizierung mittels eines elektronischen Personalausweises verlangt.

§ 3 III 1 EGovG NRW verpflichtet Behörden zwar dazu, auch den elektronischen Personalausweis als Identifizierungsmittel für elektronische Verwaltungsverfahren zu unterstützen. Da § 3 II 1 EGovG NRW jedoch auch andere Identifizierungsmittel zulässt, ist der elektronische Personalausweis nicht grundsätzlich i. S. d. Art. 6 I eIDAS-VO erforderlich. Eine grundsätzliche Pflicht zu Unterstützung anderer Identifizierungsmittel i. S. d. eIDAS-VO besteht also zumindest nicht aufgrund von § 3 II 1 EGovG NRW.

Die Anbindung beispielsweise des elektronischen Personalausweises ist in der Praxis mit einer Reihe von Umsetzungsschritten verbunden[121]. Der Landesgesetzgeber hat dies erkannt und in § 3 III 2 EGovG NRW den zentralen Betrieb eines Identifizierungsdiensts vorgesehen. Mit dem Servicekonto.NRW steht eine entsprechende Infrastrukturkomponente für Software der Landesverwaltung bereit. Daher bietet es sich bei

---

[120] Information 2019/C 425/06, Amtsblatt der Europäischen Union C 425 vom 18.12 2019, S. 6 f.

[121] *BMI*, Schritt für Schritt – So werden Sie Diensteanbieter.

Softwareentwicklungsprojekten an, auf das Servicekonto.nRW als Identifizierungslösung zurückzugreifen. Die Konformität mit europäischem Recht wird dadurch vereinfacht, dass das Servicekonto.nRW konform mit der eIDAS-VO ist[122].

4.12 Zugänglichkeit von Verwaltungsleistungen

Art. 91c V GG erlaubt dem Bund, mit Zustimmung des Bundesrates den übergreifenden informationstechnischen Zugang zu den Verwaltungsleistungen von Bund und Ländern zu regeln. Auf dieser Grundlage wurde das Onlinezugangsgesetz (OZG) erlassen. § 1 I OZG verpflichtet Bund und Länder dazu, bis zum 31.12.2023 die jeweiligen Verwaltungsleistungen auch elektronisch zur Verfügung zu stellen. Dies gilt nach §§ 1 I, 2 III, IV OZG für nach außen wirkende Verwaltungsleistungen[123]. Bei Verwaltungsleistungen handelt es sich § 2 III OZG zufolge um elektronisch abgewickelte Verwaltungsverfahren, in denen Information des Nutzers und Kommunikation mit dem Nutzer über allgemein zugängliche Netze (wie insbesondere das Internet) erfolgen. Nutzer wiederum sind nach § 2 IV OZG diejenigen, die Verwaltungsleistungen in Anspruch nehmen – also insbesondere Bürger und Unternehmen. Es ist zu erwarten, dass diese Verpflichtung auch Auslöser von Softwareentwicklungsprojekten der Schulverwaltung sein wird. Verwaltungsinterne Leistungen sind von § 1 I OZG nicht betroffen[124].

Elektronische Verwaltungsleistungen sind nach § 1 I OZG über Verwaltungsportale zur Verfügung zu stellen. Bei Verwaltungsportalen handelt es sich um eine Bünde-

---

[122] *Land NRW*, Anbindungsleitfaden für das Servicekonto.NRW, S. 14.
[123] EGovG/OZG-*Denkhaus/Richter/Bostelmann*, § 1 OZG, Rn. 13, 5.
[124] EGovG/OZG-*Denkhaus/Richter/Bostelmann*, § 1 OZG, Rn. 13.

lung mehrerer elektronisch abgewickelter Verwaltungsleistungen (§ 2 II OZG). Die einzelnen Verwaltungsportale müssen nach § 1 II OZG miteinander verknüpft
werden, sodass daraus ein Portalverbund i. S. d. § 2 I
OZG entsteht. Innerhalb dieses Portalverbunds ist der
Datenaustausch zwischen den einzelnen föderalen
Ebenen gewährleistet. Ein anderer wesentlicher Punkt ist
die gemeinsame Verwendung von Nutzerkonten. Nutzerkonten sind § 2 V OZG zufolge von staatlichen Stellen
bereitgestellte Identifizierungskomponenten, die unter
anderem im Rahmen elektronischer Verwaltungsleistungen zur Identifizierung der Nutzer dienen. Mit der
gemeinsamen Verwendung von Nutzerkonten können
sich Bürger und Unternehmen – wie von § 3 II OZG
gefordert – mit einem einmal angelegten Nutzerkonto
gegenüber allen Verwaltungsportalen identifizieren.
Dabei spielt es keine Rolle, ob hierfür das Nutzerkonto
des Bundes oder eines Landes genutzt wird[125]. Mit dem
Serviceportal.NRW soll das bestehende Serviceportal der
Landesverwaltung durch ein OZG-konformes Verwaltungsportal abgelöst werden[126].

Für Softwareentwicklungsprojekte ist es also wichtig zu
prüfen, ob die entstehende Software eine elektronische
Verwaltungsleistung abbildet und unter das OZG fällt.
Wenn das der Fall ist, sollte unabhängig der Umset-
zungsfrist des § 1 I OZG die Konformität mit dem OZG
angestrebt werden. Zu diesem Zweck bietet es sich an,
die entsprechenden vom Land für die Landesverwaltung
zentral bereitgestellten Bausteine wie etwa das Service-
konto.NRW zu nutzen. Das Zusammenspiel dieser Bausteine wird in einem Konzeptpapier anhand eines ein-

---

[125] *BMI*, Portalverbund für digitale Verwaltungsdienstleistungen.
[126] *D-NRW*.

fachen Beispielszenarios veranschaulicht[127]. Die Software, die die jeweilige elektronische Verwaltungsleistung abbildet, ist ferner in das Serviceportal.NRW als Verwaltungsportal des Landes aufzunehmen.

4.13 Elektronische Nachweise

Im Rahmen von Verwaltungsverfahren fordern Behörden bisweilen Nachweise, die in der Regel in Papierform zu erbringen sind. Bei der Digitalisierung von Verwaltungsverfahren führt dies dazu, dass die Nachweise manuell eingescannt und in der Software übernommen werden müssen[128]. Um solche Reibungsverluste zu vermeiden, können Nachweise bei elektronisch durchgeführten Verwaltungsverfahren nach § 8 I EGovG NRW elektronisch eingereicht werden, wenn nicht durch Rechtsvorschrift etwas anderes bestimmt ist oder die Behörde für bestimmte Verfahren oder im Einzelfall die Vorlage eines Originals oder einer beglaubigten Abschrift verlangt.

Eine weitere Effizienzsteigerung eröffnet § 8 II EGovG NRW, demzufolge Behörden Nachweise direkt bei der ausstellenden deutschen öffentlichen Stelle einholen können. Dazu müssen die Verfahrensbeteiligten allerdings einwilligen. Auch darf die nichtelektronische Vorlage nicht ausdrücklich durch Gesetz angeordnet sein. Wenn entsprechende elektronische Register bestehen, kann diese Einholung von Nachweisen auch elektronisch erfolgen[129].

Somit ist bei Softwareentwicklungsprojekten der Schulverwaltung kritisch zu hinterfragen, ob bei Verwaltungs-

---

[127] *IT.NRW*, S. 6.

[128] EGovG/OZG-*Denkhaus/Richter/Bostelmann*, § 8 EGovG NRW, Rn. 3.

[129] EGovG/OZG-*Denkhaus/Richter/Bostelmann*, § 8 EGovG NRW, Rn. 11.

verfahren Nachweise wirklich noch in Papierform erbracht werden müssen.

5   Projektphase
Vertragsunterlagen erstellen

5.1 Zielsetzung

Die Entwicklung von Software für die Schulverwaltung erfolgt regelmäßig durch Dienstleister, da die Schulverwaltung nicht über ausreichend eigenes Personal zur Softwareentwicklung in größerem Umfang verfügt. Bevor es jedoch zur Auftragsvergabe kommt, müssen konkrete vertragliche Regelungen getroffen und in Form von Vertragsunterlagen verschriftlicht werden. Dieses Kapitel stellt die in den Vertragsunterlagen zu klärenden Rechtsthemen vor.

5.2 Rolle der Vergabestelle

Aufgrund der Komplexität des Vergaberechts erfordert die Einhaltung sämtlicher Vorschriften des Vergaberechts regelmäßig rechtliche Beratung[130]. Bei der Vergabe von Aufträgen im Rahmen von Softwareentwicklungsprojekten der Schulverwaltung wird daher meist einschlägige Expertise benötigt. Zu diesem Zweck haben die meisten Behörden und Einrichtungen mit den Vergabestellen auf das Vergaberecht spezialisierte Organisationseinheiten eingerichtet, die entsprechend den internen Vorschriften der jeweiligen Behörden und Einrichtungen verpflichtend hinzuzuziehen sind. Da mit den Vertragsunterlagen die Weichen für die spätere Vergabe gestellt werden, ist die Vergabestelle schon in der Phase *Vergabeunterlagen erstellen* hinzuzuziehen.

---

[130] *Erben/Günther*, S. 101.

5.3 Leistungsbeschreibung

Die Vertragsunterlagen bestehen nach § 29 I 2 Nr. 3 Vergabeverordnung (VgV) bzw. § 21 I 2 Nr. 3 Unterschwellenvergabeordnung (UVgO) aus Leistungsbeschreibung und Vertragsbedingungen. Bei der Konsultation der Vergabestelle wird die Vergabestelle rasch eine Leistungsbeschreibung einfordern, die den Auftrag umfassend beschreibt. Denn die Vergabestelle kann bei der Vergabe von Aufträgen an Dritte erst dann weiterhelfen, wenn klar ist, was der Auftrag beinhaltet. Die Leistungsbeschreibung legt gemäß §§ 121 I GWB[131], 31 II VgV bzw.[132] § 23 UVgO die zu erbringende Leistung so eindeutig und so genau wie möglich fest. Ziel ist es, dass ein klares Bild vom Auftragsgegenstand entsteht. Die Leistungsbeschreibung wird daher auf den Ergebnissen der Anforderungsanalyse aufbauen und einen Schwerpunkt auf die fachlichen Anforderungen legen.

Erfahrene Vergabestellen können für die Erstellung der Leistungsbeschreibung auf einen Fundus von Leistungsbeschreibungen vorheriger Softwareentwicklungsprojekte zurückgreifen. Diese Leistungsbeschreibungen können dann als Vorlage für das neue Softwareentwicklungsprojekt dienen.

Grundsätzlich ist es Sache des Auftraggebers (d. h. der Behörde, die den Auftrag an den Auftragnehmer erteilt), die technische Umsetzung vorzugeben[133]. Doch verfügen die meisten öffentlichen Auftraggeber nicht über die technologischen Kenntnisse, um ein realistisches und technisch konkretes Konzept von der zu entwickelnden

---

131 Gesetz gegen Wettbewerbsbeschränkungen.
132 Der genaue Unterschied zwischen Ober- und Unterschwellenbereich spielt in dieser Phase noch keine Rolle. Daher wird er erst im Kapitel zur Phase *Auftrag vergeben* erläutert.
133 *Kulartz/Opitz/Steding*, S. 109.

Software zu erstellen[134]. Daher wird die Leistungsbeschreibung vor allem im Hinblick auf die technische
Umsetzung vieles offenlassen und sich darauf konzent-
rieren, was die zu entwickelnde Software leisten soll.
Nach der Auftragserteilung wird der Auftragnehmer unter
Mitwirkung des Auftraggebers die Leistungsbeschreibung
weiter konkretisieren[135] und ein Konzept dafür erstellen,
wie die zu entwickelnde Software die Anforderungen der
Leistungsbeschreibung umsetzt[136]. In diesem
Zusammenhang spricht man auch von dem Lastenheft,
das durch den Auftragnehmer zu einem Pflichtenheft
konkretisiert wird[137]. Sobald sich Auftraggeber und Auftragnehmer auf das Pflichtenheft verständigt haben,
beginnt der Auftragnehmer mit der eigentlichen Entwicklungsarbeit.

5.4 Vertragsbedingungen

5.4.1 EVB-IT

Die Leistungsbeschreibung bestimmt primär die Funk-
tionalität der zu entwickelnden Software. Die rechtliche
Beziehung zwischen Auftraggeber und Auftragnehmer
wird hingegen in den Vertragsbedingungen als zweitem
Bestandteil der Vertragsunterlagen geklärt. Aufgrund der
Bedeutung von IT-Beschaffungen der öffentlichen Hand
wurden mit den Ergänzenden Vertragsbedingungen für

---

[134] *Kulartz/Opitz/Steding*, S. 109 f.

[135] *Kulartz/Opitz/Steding*, S. 110.

[136] Beck VergabeR-*Lampert*, § 31 VgV, Rn. 41. Diese Fundstelle
bezieht sich zwar nicht auf IT-Systeme, wohl aber auf technische
Systeme allgemein.

[137] *Kulartz/Opitz/Steding*, S. 110. Die Begrifflichkeiten Pflichten- und
Lastenheft werden in Informatik und Rechtsprechung teilweise in
widersprüchlichen Bedeutungen verwendet (Handbuch IT- und
Datenschutzrecht-*Conrad/Schneider*, § 11, Rn. 44). Das ist für
diesen Leitfaden aber auch nicht weiter relevant.

die Beschaffung von Informationstechnik (EVB-IT) Mustergeschäftsbedingungen für IT-Beschaffungen entwickelt[138]. Die EVB-IT sind in der Praxis ausgesprochen nützlich, da sie in einer Vielzahl von Beschaffungsvorgängen erprobt wurden. Ferner wurden sie zwischen öffentlicher Hand und Wirtschaftsverbänden ausgehandelt und gelten dementsprechend als ausgewogen[139]. Gemäß § 55 Nr. 7 Verwaltungsvorschrift zur Landeshaushaltsordnung (VV-LHO NRW[140,141]) sind die EVB-IT auch von der Schulverwaltung für die Beschaffung von Informationstechnik anzuwenden.

Die EVB-IT stellen Vertragswerke für eine Reihe von Vertragstypen zur Verfügung. Für Softwareentwicklungsprojekte der Schulverwaltung ist das Vertragswerk EVB-IT Erstellung von Bedeutung. Denn dieses Vertragswerk regelt unter anderem werkvertragliche Leistungen zur Erstellung von Individualsoftware.

5.4.2 Vertragsbestandteile

Wie auch andere EVB-IT Vertragswerke[142] besteht EVB-IT Erstellung aus einem Mustervertragsformular[143] (EVB-IT Erstellungsvertrag), den zugehörigen Allgemeinen Geschäftsbedingungen[144] (EVB-IT Erstellungs-AGB) und weiteren Formularen.

---

[138] Die EVB-IT sind online verfügbar, vgl. *CIO Bund,* EVB-IT und BVB.

[139] *Erben/Günther,* S. 105.

[140] Verwaltungsvorschriften zur Landeshaushaltsordnung, RdErl. d. Ministeriums der Finanzen vom 10.06.2020, MBl. NRW 73/13, 309, Anhang 01.

[141] „§ 55 Nr. 7 VV-LHO NRW" fungiert hier als Abkürzung von „Nr. 7 VV zu § 55 LHO NRW".

[142] *BeschA,* S. 34.

[143] Für den EVB-IT Erstellungsvertrag: *CIO Bund,* EVB-IT Erstellungsvertrag.

[144] Für die EVB-IT Erstellungs-AGB: *CIO Bund,* EVB-IT Erstellungs-AGB.

In Nr. 1.3 des EVB-IT Erstellungsvertrags werden die Vertragsbestandteile aufgelistet, die in einer Geltungsreihenfolge stehen. An erster Stelle stehen der Vertragstext sowie gegebenenfalls Anlagen zum Vertragstext. Normalerweise stehen die Anlagen in keiner Reihenfolge untereinander. Optional kann eine solche Reihenfolge aber festgelegt werden. Die EVB-IT Erstellungs-AGB stehen an zweiter Stelle. Zuletzt gelten die Allgemeinen Vertragsbedingungen für die Ausführung von Leistungen (VOL/B). Die Reihenfolge der Vertragsbestandteile ist immer dann von Relevanz, wenn sich einzelne Bestandteile widersprechen. Bei Widersprüchen gilt die Bestimmung am Anfang der Reihenfolge[145].

Der EVB-IT Erstellungsvertrag ist ein Formular, in das die konkreten Spezifika des jeweiligen Softwareentwicklungsprojekts eingetragen werden. In der Regel wird der Vertrag zunächst von Projektmitarbeitern vorausgefüllt. Bevor das Vertragsformular vorausgefüllt wird, sollten die Projektmitarbeiter die EVB-IT Erstellungs-AGB durchlesen[146]. Denn der Vertrag nimmt intensiv Bezug auf die AGB. Beim Ausfüllen des Vertrags bietet es sich an, die Nutzerhinweise zum EVB-IT Erstellungsvertrag[147] danebenzulegen. Denn diese Hinweise beinhalten eine Vielzahl von wichtigen Hinweisen zum Ausfüllen des Vertragsformulars.

Wenn der Vertrag von den Projektmitarbeitern vorausgefüllt wurde, sollte er mit der Vergabestelle Punkt für Punkt durchgesprochen werden. Denn eine erfahrene Vergabestelle hat bereits eine Vielzahl von Vertragsbedingungen auf Grundlage der EVB-IT formuliert. Die Nutzung des

---

[145] *Kulartz/Opitz/Steding*, S. 179 ff.

[146] *BeschA*, S. 35.

[147] Für die Nutzerhinweise zum Vertragswerk EVB-IT Erstellung: *CIO Bund*, EVB-IT Erstellung: Nutzerhinweise.

Vertragsformulars hat den Vorteil, dass es die wichtigsten rechtlichen Aspekte, die typischerweise in einem Vertrag zur Softwareentwicklung geregelt werden müssen, enthält. Es reduziert somit das Risiko, einen wichtigen Regelungsbedarf zu übersehen. Die wichtigsten dieser Regelungen werden im Folgenden kurz erläutert.

5.4.3 Leistungsgegenstand

Der Leistungsgegenstand wird unter Nr. 4 EVB-IT Erstellungsvertrag geregelt. Der EVB-IT Erstellungsvertrag sieht verschiedene Leistungsgegenstände vor. Der Leistungsgegenstand von Nr. 4.4 EVB-IT Erstellungsvertrag hat die Erstellung und Überlassung von Individualsoftware auf Dauer zum Ziel. Gemäß der Definition der EVB-IT Erstellungs-AGB bezeichnet Individualsoftware unter anderem Softwareprogramme, die für die Bedürfnisse des Auftraggebers erstellt werden[148]. Ziel von Softwareentwicklungsprojekten der Schulverwaltung ist die Erstellung von Software für die Schulverwaltung. Somit ist der Leistungsgegenstand in Nr. 4.4 EVB-IT Erstellungsvertrag festzulegen. Bei EVB-IT Erstellungsverträgen handelt es sich gemäß Ziffer[149] 1.1 EVB-IT Erstellungs-AGB um Werkverträge.

5.4.4 Nutzungsrechte

Gemäß Ziffer 2.1.2.1 EVB-IT Erstellungs-AGB erhält der Auftraggeber das nicht ausschließliche, für nicht gewerbliche Zwecke unterlizenzierbare, örtlich unbeschränkte, in

---

[148] *CIO Bund,* EVB-IT Erstellungs-AGB, S. 23. Diese Definition ist keiner Ziffer zugeordnet. Daher wird hier die Seitennummer angegeben.

[149] Das Vertragswerk EVB-IT Erstellung verwendet zur Bezeichnung von Klauseln in den AGB den Begriff Ziffer und für die Bezeichnung von Klauseln im Vertrag der Begriff Nummer (vgl. z. B. *CIO Bund,* EVB-IT Erstellungs-AGB, Ziffer 1.2).

jeder beliebigen Hard- und Softwareumgebung ausüb-
bare, übertragbare, dauerhafte, unwiderrufliche und
unkündbare Recht, die Software zu nutzen (Nutzungs-
recht). Ferner darf der Auftraggeber die Software unter
anderem verändern und für nicht gewerbliche Zwecke
vervielfältigen und anderweitig weitergeben. Unter Nr.
4.4.3 EVB-IT Erstellungsvertrag kann diese Regelung
modifiziert werden. Möglicherweise bietet es sich an,
dass sich die Schulverwaltung ein ausschließliches Nut-
zungsrecht vorbehält. Auf diese Weise kann beispielsweise das Risiko vermindert werden, dass Dritte die Software einsehen und gegebenenfalls auf Sicherheitslücken
untersuchen, die anschließend ausgenutzt werden.

5.4.5 Schulungen und Dokumentation

Wenn Software eine größere Komplexität aufweist, ist es
sinnvoll, die zukünftigen Anwender in der Nutzung der
Software zu schulen. Unter Nr. 4.5 EVB-IT Erstellungsvertrag wird die Bereitstellung von Schulungen und Schu-
lungsunterlagen geregelt. Die Nutzerhinweise zum Vertragswerk EVB-IT Erstellung schlagen unter Nr. 4.5 vor,
dass diejenigen Mitarbeiter, die später die Abnahme der
Software durchführen, zuvor an einer solchen Schulung
teilnehmen[150].

Software sollte möglichst auch ohne Schulungen benutz-
bar sein. Zu diesem Zweck sieht Ziffer 5 EVB-IT Erstellungs-AGB die Erstellung einer Dokumentation für
Anwender und Administratoren vor. Unter Nr. 4.6 EVB-IT
Erstellungsvertrag können diese AGB modifiziert werden.
Soweit es die finanziellen Möglichkeiten des Auftraggebers erlauben, könnte hier die Forderung nach einer
zusätzlichen Hilfefunktion für die einzelnen Bildschirm-
masken der Software ins Auge gefasst werden. Auf diese

---

[150] *CIO Bund,* EVB-IT Erstellung: Nutzerhinweise, S. 17.

Weise müssen Anwender bei Unklarheiten nicht die Dokumentation durchsuchen.

5.4.6 Pflege

Software ist aus betriebswirtschaftlichen Gründen in der Praxis nie fehlerfrei[151]. Dennoch verpflichten § 633 I Bürgerliches Gesetzbuch (BGB) und Ziffer 12.1 EVB-IT Erstellungs-AGB den Auftragnehmer dazu, die Software frei von Sach- und Rechtsmängeln zu erstellen. Fehler in der Software sind Sachmängel. Sachmängel, die vor der Abnahme erkannt werden, sind daher vom Auftragnehmer grundsätzlich zu beheben. Werden Fehler erst nach der Abnahme erkannt, besteht nur innerhalb der in Ziffer 12.3 EVB-IT Erstellungs-AGB festgelegten Verjährungsfrist eine Pflicht des Auftragnehmers zur Mängelbeseitigung. Ohnehin müssen die Sachmängel bereits zum Zeitpunkt des Gefahrübergangs bestanden haben[152]. Der Nach § 644 I 1 BGB erfolgt der Gefahrübergang mit der Abnahme. Da Software nicht altert, sondern sich immer entsprechend ihrer Programmierung verhält, ist das bei Logikfehlern in der Programmierung zwar der Fall. Dennoch ist der Auftraggeber in der Pflicht, zu beweisen, dass der Sachmangel schon zum Zeitpunkt der Abnahme bestand (bzw. ein Logikfehler in der Programmierung vorlag)[153]. Denn nicht jede Störung ist durch einen Sachmangel der Software verursacht, der bereits zum Zeitpunkt der Abnahme vorlag. So kann sich die gleiche Software auf unterschiedlichen Versionen des gleichen Betriebssystems unterschiedlich verhalten, wenn die von der Software verwendeten Komponenten des Betriebs-

---

[151] *Witte*, S. 110.

[152] BeckOK BGB-*Voit*, § 633 BGB, Rn. 3 und *CIO Bund,* EVB-IT Erstellung: Nutzerhinweise, S. 76.

[153] *CIO Bund,* EVB-IT Erstellung: Nutzerhinweise, S. 21 f.

systems Fehler beinhalten. Die gesetzlichen Gewährleistungsansprüche decken somit nicht alle Störungen von Software ab. Aus diesem Grund sieht der EVB-IT Erstellungsvertrag vor, mit der Erstellung von Software auch deren Pflege auszuschreiben. Bei der hier betrachteten Individualsoftware bezieht sich die Pflege auf Leistungen zur Störungsbeseitigung der Software. Damit wird auch dem Prinzip, dem wirtschaftlichsten Angebot den Zuschlag zu erteilen, nachgekommen. Denn die Pflegekosten von Software sind regelmäßig ein bedeutender Bestandteil der Gesamtkosten. Ferner wird der Auftragnehmer, der die Software entwickelt hat, regelmäßig der Einzige sein, der die Software qualifiziert pflegen kann[154]. Wird nachträglich ein Pflegevertrag geschlossen, könnte der Auftragnehmer diesen Wissensvorsprung bei seiner Preisgestaltung berücksichtigen und einen höheren Preis verlangen als in einer echten Wettbewerbssituation[155]. Softwareentwicklungsprojekte in der Schulverwaltung sollten daher möglichst auch Pflegeleistungen vereinbaren.

Diese Pflegeleistungen sollte sich der Auftraggeber möglichst langfristig sichern, da sonst die Investition in die Software gefährdet ist[156]. Allerdings sind nach § 7 Nr. 2.2 VV-LHO NRW bei Maßnahmen, die sich über mehr als zwei Haushaltsjahre erstrecken, regelmäßig begleitende Untersuchungen der Wirtschaftlichkeit durchzuführen. Dies steht einer langen vertraglichen Verpflichtung seitens des Auftraggebers entgegen. Daher können dem Auftraggeber in Nr. 5.3 EVB-IT Erstellungsvertrag kür-

---

[154] *CIO Bund,* EVB-IT Erstellung: Nutzerhinweise, S. 20.
[155] *CIO Bund,* EVB-IT Erstellung: Nutzerhinweise, S. 20.
[156] *CIO Bund,* EVB-IT Erstellung: Nutzerhinweise, S. 22.

zere Kündigungsfristen eingeräumt werden als dem Auftragnehmer[157].

5.4.7 Weiterentwicklung

Eine einmal erstellte Software wird aus verschiedenen
Gründen auch nach der Abnahme weiterentwickelt
werden. Beispielsweise können bei der Benutzung Ver-
besserungsmöglichkeiten im Hinblick auf die Bedienung
oder benötigte zusätzliche Funktionalitäten auffallen.
Aber auch gesetzliche Änderungen können Anpas-
sungen an der Software erforderlich machen[158].

Wie schon bei der Störungsbeseitigung hat der Auftragnehmer auch bei der Weiterentwicklung der Software
einen Wissensvorsprung gegenüber seinen Mitbewer-
bern. Daher bietet es sich an, die Rahmenbedingungen
für Weiterentwicklungen in den Vertragsbedingungen
festzulegen. Sonst besteht die Gefahr, dass der Auftragnehmer seinen Wissensvorsprung gegenüber Mitbewer-
bern in die Preisgestaltung einfließen lässt. Im EVB-IT
Erstellungsvertrag können unter Nr. 6 entsprechende
Regelungen vereinbart werden.

Die Weiterentwicklung kann durch einen Pauschalpreis
oder nach Aufwand vergütet werden. Die Vereinbarung
eines Pauschalpreises wird regelmäßig schwerfallen,
wenn die zu erbringenden Leistungen noch nicht fest-
stehen. Daher wird bei Softwareentwicklungsprojekten
der Schulverwaltung regelmäßig auf die in Nr. 7 EVB-IT
Erstellungsvertrag weiter auszugestaltende Vergütung
nach Aufwand zurückgegriffen werden müssen.

---

[157] *CIO Bund*, EVB-IT Erstellung: Nutzerhinweise, S. 22.
[158] *CIO Bund*, EVB-IT Erstellung: Nutzerhinweise, S. 26.

6 Projektphase Voraussetzungen prüfen

6.1 Zielsetzung

In den vorherigen Projektphasen wurden die aus rechtlicher Sicht erforderlichen Anforderungen an die Software identifiziert und die Vertragsunterlagen für die Vergabe vorbereitet. In der Projektphase *Voraussetzungen prüfen* wird nun von verschiedenen Rollen geprüft, ob einzelne rechtliche Anforderungen adäquat bestimmt und gegebenenfalls in den Vertragsunterlagen umgesetzt wurden.

6.2 Datenschutzbeauftragter

In Softwareentwicklungsprojekten der Schulverwaltung wird der Datenschutzbeauftragte regelmäßig einzubinden sein. Zwar besteht keine gesetzliche Pflicht zur Einbindung des Datenschutzbeauftragten. Auch besteht die Pflicht aus § 4d V Bundesdatenschutzgesetz (BDSG) a. F. zur Vorabkontrolle durch den Datenschutzbeauftragten nicht mehr. Der Datenschutzbeauftragte verfügt ferner über keinerlei Weisungsbefugnis gegenüber denjenigen Personen, die personenbezogene Daten verarbeiten[159]. Stattdessen umfassen die Aufgaben des Datenschutzbeauftragten nach Art. 39 DS-GVO Beratungsleistungen, die Überwachung des Datenschutzes in der jeweiligen Organisation und das Fungieren als Schnittstelle zur Datenschutzaufsicht. Dementsprechend richtet sich die DS-GVO vornehmlich an den für die jeweilige Datenverarbeitung Verantwortlichen. So verpflichtet Art. 24 I DS-GVO den Verantwortlichen zu technischen und organisatorischen Maßnahmen, die sicherstellen, dass die Ver-

---

[159] BeckOK Datenschutzrecht-*Moos*, Art. 39 DS-GVO, Rn. 41.

arbeitung gemäß der DS-GVO erfolgt. Da in der Schulverwaltung die Behörden und Einrichtungen, die personenbezogene Daten verarbeiten, regelmäßig als Verantwortliche gelten (vgl. Abschnitt 4.2), bestehen dort
interne Dienstanweisungen zur Einbindung des Datenschutzbeauftragten bei der Einführung und Veränderung
von Verarbeitungen personenbezogener Daten. Insofern
sind Softwareentwicklungsprojekte der Schulverwaltung
durch verwaltungsinterne Vorgaben doch dazu verpflichtet, den Datenschutzbeauftragten spätestens in der
Phase *Voraussetzungen prüfen* hinzuzuziehen. Wird der
Datenschutzbeauftragte – wie in diesem Leitfaden vor-
geschlagen – bereits in der Phase *Anforderungen analysieren* hinzugezogen, wird die Prüfung auf Einhaltung
der datenschutzrechtlichen Voraussetzungen naturgemäß kürzer ausfallen.

6.3 Informationssicherheitsbeauftragter

Oben wurde gezeigt, dass die Informationssicherheitsleitlinie MSB (ISL MSB) die Regelungen zur Informationssicherheit in der Schulverwaltung vorgibt. Ein wesentlicher Punkt dieser Leitlinie ist die Verbindlichkeit des IT-
Grundschutzes. Ein weiterer wichtiger Punkt ist die Rolle
des behördlichen Informationssicherheitsbeauftragten
(ISB). Der ISB kann von der jeweiligen Behördenleitung
ernannt werden[160], koordiniert den Informationssicher-
heitsprozess in der jeweiligen Behörde[161] und ist über
alle für die Informationssicherheit relevanten Themen

---

[160] *MSB NRW,* Leitlinie zur Informationssicherheit des Ministeriums für
Schule und Bildung des Landes Nordrhein-Westfalen, S. 9.

[161] *MSB NRW,* Leitlinie zur Informationssicherheit des Ministeriums für
Schule und Bildung des Landes Nordrhein-Westfalen, S. 9.

und Veränderungen unaufgefordert, frühzeitig und umfassend zu unterrichten[162].

Die Entwicklung neuer Software in der Schulverwaltung ist in der Regel eine Veränderung, die für die Informationssicherheit relevant ist. Schließlich werden in der zu entwickelnden Software regelmäßig Daten bzw. Informationen verarbeitet, deren Schutz Ziel der Informationssicherheit ist. Für Softwareentwicklungsprojekte bedeutet das, dass der ISB noch vor der Vergabe des Entwicklungsauftrags einzubinden ist. Eine formelle Genehmigungspflicht neuer Software seitens des ISB besteht zwar nicht. Denn die Aufgabe der ISB ist beratender Natur[163]. Empfehlungen des ISB müssen daher nicht zwingend umgesetzt werden. Aber im eigenen Interesse sind Softwareentwicklungsprojekte gut beraten, die Hinweise zur Informationssicherheit zu berücksichtigen. Häufig sieht es der ISB gerne, wenn er bereits bei der Anforderungsanalyse eingebunden wird. Hier kann ein kurzes Gespräch zwischen Projektleitung und ISB Klarheit schaffen.

6.4 Personalvertretung

Die Personalvertretung nimmt die Interessen der Beschäftigten gegenüber der Dienststelle wahr. Sie hat somit eine ähnliche Funktion wie der Betriebsrat in der Privatwirtschaft[164]. Nach § 94 Bundespersonalvertretungsgesetz (BPersVG) gilt das Landesrecht, welches jedoch die Rahmenvorschriften der §§ 95-106 BPersVG einhalten muss. In Nordrhein-Westfalen werden nach § 1 I Landespersonalvertretungsgesetz (LPVG NRW) bei

---

162 *MSB NRW,* Le tlinie zur Informationssicherheit des Ministeriums für Schule und Bildung des Landes Nordrhein-Westfalen, S. 10.

163 *MSB NRW,* Leitlinie zur Informationssicherheit des Ministeriums für Schule und Bildung des Landes Nordrhein-Westfalen, S. 10.

164 Creifelds Rechtswörterbuch-*Weber,* Personalvertretung.

allen Dienststellen des Landes Personalvertretungen gebildet.

Die Landesverwaltung ist gemäß § 2 Landesorganisationsgesetz (LOG NRW) mehrstufig aufgebaut. Um eine lückenlose Vertretung der Beschäftigten auf allen Stufen zu gewährleisten, sieht § 50 LPVG NRW ebenfalls eine mehrstufige Personalvertretung vor[165]. Demnach bestehen neben den örtlichen Personalräten noch Stufenvertretungen in Form der Bezirkspersonalräte sowie des am MSB NRW ansässigen Hauptpersonalrats Verwaltung. Neben dem Hauptpersonalrat Verwaltung gibt es noch weitere – ebenfalls am MSB NRW ansässige – Hauptpersonalräte für die Lehrkräfte an den einzelnen Schulformen (§ 89 LPVG NRW)[166]. Letztere spielen für die Softwareentwicklungsprojekte der Schulverwaltung jedoch nur dann eine Rolle, wenn sich die zu entwickelnde Software an Lehrkräfte richtet.

Grundsätzlich ist der örtliche Personalrat erster Ansprechpartner für Softwareentwicklungsprojekte in der Schulverwaltung. Soll die Software jedoch in mehreren Dienststellen eingesetzt werden, so wird die entsprechende Entscheidung hierfür typischerweise in einer vorgesetzten Behörde wie dem Ministerium fallen. In diesem Fall ist nach § 78 I LPVG NRW die zuständige Stufenvertretung zu beteiligen. Bei Softwareentwicklungsprojekten, die mehrere Dienststellen der Schulverwaltung betreffen, wird das regelmäßig der Hauptpersonalrat Verwaltung sein. Nach § 78 V LPVG NRW gelten dann die im Folgenden vorgestellten Beteiligungsrechte der örtlichen Personalräte entsprechend für die Stufenvertretung.

---

[165] LPVG NRW-*Laber*, § 50 LPVG NRW, Rn. 1.
[166] *MSB NRW*, Hauptpersonalräte.

Zur Erfüllung seiner Aufgaben ist der Personalrat an einer Reihe von Entscheidungen der Dienststelle zu beteiligen. Diese Beteiligungsrechte schlüsseln sich in Anhörungsrechte, Mitwirkungsrechte und Mitbestimmungsrechte auf.

Das Anhörungsrecht ist die schwächste Form der Beteiligungsrechte. Hierbei muss die Dienststelle den Personalrat bei einer beabsichtigten Maßnahme anhören und dessen eingebrachte Einwendungen berücksichtigen[167]. Sie muss die Maßnahme jedoch nicht weiter erörtern oder sich mit den Einwendungen unter Angabe der Gründe im Einzelnen auseinandersetzen[168]. Nach Berücksichtigung der Einwände des Personalrats kann sie die Maßnahme umsetzen[169]. Nach § 75 I Nr. 2 LPVG NRW ist der Personalrat bei grundlegenden Veränderungen von Arbeitsverfahren und Arbeitsabläufen anzuhören. Da die Einführung einer neuen Software sowohl Arbeitsverfahren als auch Arbeitsabläufe ändern kann, ist zu prüfen, ob der Personalrat anzuhören ist.

Das Mitwirkungsrecht geht über das Anhörungsrecht hinaus. Hier erörtert die Dienststelle eine beabsichtigte Maßnahme vor der Durchführung eingehend mit dem Personalrat (§ 69 I LPVG NRW). Wenn der Personalrat gegen die Maßnahme eine Einwendung erhebt und diese begründet, hat die Dienststelle nach § 69 II LPVG NRW die Wahl, ob sie diesem Einwand vollumfänglich nachkommt oder ihre gegenteilige Entscheidung dem Betriebsrat schriftlich mitteilt. In letzterem Falle kann der Personalrat nach § 69 III LPVG NRW binnen einer zweiwöchigen Frist eine Entscheidung bei der übergeordneten Behörde, bei der eine Stufenvertretung eingerichtet

---

[167] LPVG NRW-*Laber*, § 74 LPVG NRW, Rn. 60.
[168] LPVG NRW-*Laber*, § 74 LPVG NRW, Rn. 60.
[169] LPVG NRW-*Laber*, § 74 LPVG NRW, Rn. 60.

ist, herbeiführen. Währenddessen ist die beabsichtigte Maßnahme grundsätzlich bis zur Entscheidung der angerufenen Stelle auszusetzen (§ 69 IV LPVG NRW). Das Mitwirkungsrecht des Personalrats spielt bei Softwareentwicklungsprojekten der Schulverwaltung nur eine untergeordnete Rolle, da der Katalog der Mitwirkungsangelegenheiten in § 73 LPVG NRW kaum Bezugspunkte zu Softwareprojekten hat.

Das Mitbestimmungsrecht ist die stärkste Form der Beteiligungsrechte. Denn hier kann nach § 66 I 1 LPVG NRW eine Maßnahme grundsätzlich nur mit Zustimmung des Personalrats getroffen werden. Den Widerspruch gegen eine Maßnahme muss der Personalrat jedoch nach § 66 III 1-6 LPVG NRW erörtern. Kommt dabei keine Einigung zustande, so kann die Dienststelle die Maßnahme der übergeordneten Stelle, bei der eine Stufenvertretung besteht, vorlegen (§ 66 V 1 LPVG NRW). Erfolgt auch dort keine Einigung, so entscheidet auf Antrag von Dienststelle oder Personalrat die gemäß § 67 LPVG NRW einzurichtende Einigungsstelle (§ 66 VII 1 LPVG NRW).

Im Zusammenhang mit Softwareentwicklungsprojekten der Schulverwaltung sind aus dem Katalog mitbestimmungspflichtiger Angelegenheiten in § 72 LPVG NRW insbesondere die sozialen Angelegenheiten nach § 72 III 3 Nr. 1-4 LPVG NRW von Bedeutung. Eine Mitbestimmungspflicht besteht gemäß § 72 III LPVG NRW allerdings nicht, wenn die Angelegenheit nicht gesetzlich oder tariflich geregelt ist. Nachfolgend werden die wahrscheinlichsten Angelegenheiten, die bei Softwareentwicklungsprojekten der Schulverwaltung zur Mitbestimmungspflicht führen, kurz vorgestellt.

So sieht § 72 III Nr. 1 LPVG NRW die Mitbestimmung bei der automatisierten Verarbeitung personenbezogener Daten der Beschäftigten vor. Da für den Begriff der personenbezogenen Daten das DSG NRW herangezogen werden kann[170], ist § 72 III Nr. 1 LPVG NRW beispielsweise anwendbar, sobald die Namen von Beschäftigten oder andere Daten, aus denen die Namen von Beschäftigten abgeleitet werden können, automatisiert verarbeitet werden[171].

Nach § 72 III Nr. 2 LPVG NRW ist die Mitbestimmung bei technischen Einrichtungen erforderlich, bei denen die Eignung zur Überwachung des Verhaltens oder der Leistung der Beschäftigten nicht ausgeschlossen ist. Da der Gesetzgeber bei vielen neuen technischen Entwicklungen von der Eignung für eine solche Überwachung ausgeht, vermutet § 72 III Nr. 2 LPVG NRW die Eignung technischer Einrichtungen für diese Überwachung[172]. Da Eingaben und andere Vorgänge in Software oft mit Zeitstempeln versehen sind und auf diese Weise prinzipiell das Verhalten sowie die Leistung der Anwender bei der Arbeit mit der Software überwacht werden könnten, wird diese Vermutung in der Praxis auch nur schwer zu widerlegen sein.

Die Mitbestimmung ist ferner nach § 72 III Nr. 3 LPVG NRW bei Einführung, wesentlicher Änderung und wesentlicher Ausweitung von Arbeitsmethoden erforderlich. Eine Arbeitsmethode legt fest, auf welchem Bearbeitungsweg und mit welchen Arbeitsmitteln durch welche Beschäftigten Aufgaben zu erfüllen sind[173]. Beispielsweise handelt es sich bei der elektronischen Datenver-

---

[170] LPVG NRW-*Hitzelberger-Kijima*, § 72 LPVG NRW, Rn. 293.

[171] LPVG NRW-*Hitzelberger-Kijima*, § 72 LPVG NRW, Rn. 293.

[172] LPVG NRW-*Hitzelberger-Kijima*, § 72 LPVG NRW, Rn. 320.

[173] LPVG NRW-*Hitzelberger-Kijima*, § 72 LPVG NRW, Rn. 360.

arbeitung um eine Arbeitsmethode[174]. Wird also eine vormals papierbasiert ausgeführte Tätigkeit durch die zu entwickelnde Software elektronisch durchgeführt, so ist damit zu rechnen, dass ein Mitbestimmungsgrund nach § 72 III Nr. 3 LPVG NRW vorliegt.

Gemäß § 72 III Nr. 4 LPVG NRW sind Maßnahmen, die die Hebung der Arbeitsleistung oder die Erleichterungen des Arbeitsablaufs zur Folge haben, ebenso wie Maßnahmen der Änderung der Arbeitsorganisation mitbestimmungspflichtig. Da die Entwicklung von Software regelmäßig mit Kosten verbunden ist, ist es wahrscheinlich, dass diese Kosten durch Rationalisierungseffekte (über)kompensiert werden sollen. Allerdings ist für die Hebung der Arbeitsleistung nicht auf den höheren Arbeitsertrag oder die Qualitätsverbesserung des Arbeitsprodukts abzustellen, sondern auf die erhöhte Inanspruchnahme der betroffenen Beschäftigten[175]. Das kann auch eine gesteigerte geistige oder psychischen Belastung sein[176].

Es bleibt also festzuhalten, dass es bei Softwareentwicklungsprojekten wahrscheinlich ist, dass der Personalrat nicht nur anzuhören ist, sondern auch mitbestimmungsberechtigt ist. Aus diesem Grund bietet es sich an, den Personalrat bereits frühzeitig in das Vorhaben einzubinden. Hierfür könnte die nach § 63 1 LPVG NRW ohnehin im vierteljährlichen Turnus durchzuführende Pflichtbesprechung zwischen Dienststelle und Personalrat ein geeigneter Rahmen sein, den Personalrat über die Pläne zu informieren. In diesem Rahmen kann der Personalrat

---

[174] LPVG NRW-*Hitzelberger-Kijima*, § 72 LPVG NRW, Rn. 361.
[175] LPVG NRW-*Hitzelberger-Kijima*, § 72 LPVG NRW, Rn. 383.
[176] LPVG NRW-*Hitzelberger-Kijima*, § 72 LPVG NRW, Rn. 383.

signalisieren, inwieweit er Interesse daran hat, bereits bei der Anforderungsanalyse mitzuwirken.

6.5 CIO NRW

Der Beauftragte der Landesverwaltung für Informationstechnik (CIO NRW) hat nach § 22 I EGovG NRW die Aufgabe, die IT in der Landesverwaltung zu steuern und zu koordinieren. Eines der wichtigsten Instrumente hierfür ist die in § 22 II EGovG NRW normierte Pflicht der Ministerien zur Abstimmung informationstechnischer Vorhaben ihrer Geschäftsbereiche mit dem CIO NRW[177]. Softwareentwicklungsprojekte der Schulverwaltung sind solche informationstechnischen Vorhaben. Die Verwendung des Begriffs Vorhaben macht auch deutlich, dass diese Abstimmung frühzeitig durchzuführen ist. Andererseits müssen die Vorhaben ausreichend konkretisiert worden sein, sodass sich der CIO NRW ein Bild vom Vorhaben machen kann. Entsprechend dem Wortlaut des § 22 II EGovG NRW erfolgt die Abstimmung der Vorhaben durch das jeweils zuständige Ministerium. Im Bereich der Schulverwaltung ist dies das MSB NRW. Das bedeutet in der Praxis, dass nachgeordnete Behörden und Einrichtungen des MSB NRW Softwareentwicklungsprojekte zunächst mit dem Ministerium abzustimmen haben. Gemäß dem Organisationsplan des MSB NRW ist das Referat 132 für IT-Angelegenheiten des nachgeordneten Bereichs zuständig[178]. Daher sollten nachgeordnete

---

[177] Der Begriff Abstimmung ist in diesem Zusammenhang nicht legal definiert. So ist unklar, ob entsprechende Vorhaben vom CIO NRW genehmigt werden müssen, oder ob es sich um eine Benehmensregelung handelt, bei der das Ressort zwar zu ernsthaften Bemühungen um die Herstellung eines Einvernehmens mit dem CIO NRW verpflichtet ist, aber dennoch von dessen Entscheidung abweichen kann. Vor dem Hintergrund des in Art. 55 LV NRW normierten Ressortprinzips wird § 22 II EGovG NRW eher als Benehmensregelung auszulegen sein.

[178] *MSB NRW,* Organisationsplan.

Behörden und Einrichtungen der Schulverwaltung geplante Softwareentwicklungsprojekte zunächst mit dem Referat 132 des MSB NRW abstimmen. Erfahrungsgemäß hat das MSB NRW aus vergangenen Abstimmungen einen Eindruck von der derzeitigen Zustimmungspraxis seitens des CIO. Um unnötige Aufwände aufgrund einer Ablehnung durch den CIO zu vermeiden, bietet es sich an, bereits in einer frühen Phase der Anforderungsanalyse mit dem Referat 132 Kontakt aufzunehmen.

6.6 Haushaltsmittel

Gemäß § 45 I LHO NRW dürfen Ausgaben grundsätzlich nur zu dem im Haushaltsplan vorgegebenen Zweck und im entsprechenden Haushaltsjahr getätigt werden. Das bedeutet, dass in der Schulverwaltung ein Softwareentwicklungsprojekt grundsätzlich nur dann möglich ist, wenn hierfür im jeweiligen Haushaltsjahr Haushaltsmittel im Haushaltsplan bereitstehen, deren Zweck die Entwicklung der Software mit umfasst. Daher empfiehlt es sich, rechtzeitig Haushaltsmittel für das jeweilige Projekt in den Haushaltsplan für das nächste Jahr aufzunehmen.

Ob Ausnahmeregelungen (z. B. aufgrund der Erklärung der Deckungsfähigkeit von Ausgaben im Haushaltsplan nach § 20 II LHO NRW) einschlägig sind, kann ein Gespräch mit dem Beauftragten für den Haushalt (BdH) klären. Ein BdH ist nach § 9 I LHO NRW bei jeder Dienststelle, die Einnahmen oder Ausgaben bewirtschaftet, zu bestellen. Letzteres trifft auf alle Behörden und Einrichtungen der Schulverwaltung zu.

6.7 Wirtschaftlichkeit

Ferner muss nach § 7 II LHO NRW die Wirtschaftlichkeit beabsichtigter finanzwirksamer Maßnahmen untersucht und positiv beschieden sein. Ein Softwareentwicklungs-projekt der Schulverwaltung wird regelmäßig finanzwirk-sam sein, wenn die Entwicklung entgeltlich durch einen beauftragten Dienstleister erfolgt.

In § 7 Nr. 2 Verwaltungsvorschrift zur LHO NRW (VV-LHO NRW) wird ausgeführt, dass diese Wirtschaftlich-keitsuntersuchung jeweils in der Planungsphase, wäh-rend der Durchführung und nach Abschluss der Maß-nahme vorzunehmen ist.

Für die Wirtschaftlichkeitsuntersuchung sind die vorgege-benen Berechnungsverfahren einzuhalten. § 7 Nr. 2.3 VV-LHO NRW unterscheidet zwischen gesamt-wirtschaftlich orientierten und einzelwirtschaftlich orien-tierten Verfahren der Wirtschaftlichkeitsberechnung. Während sich gesamtwirtschaftlich orientierte Verfahren für Maßnahmen mit erheblichen gesamtwirtschaftlichen Auswirkungen eignen, sind einzelwirtschaftlich orientierte Verfahren bei Maßnahmen vorzuziehen, die sich primär auf den betrachteten Verwaltungsbereich (wie z. B. ein Ministerium) beziehen. Softwareentwicklungsprojekte der Schulverwaltung haben nur selten gesamtwirtschaftliche Auswirkungen. Demnach sind regelmäßig einzelwirt-schaftliche Verfahren zur Wirtschaftlichkeitsuntersuchung anzuwenden. Diese Verfahren werden in den ergän-zenden Erläuterungen[179] zu § 7 Nr. 2.3 VV-LHO NRW ausführlich vorgestellt. Bei Softwareentwicklungspro-jekten der Schulverwaltung können sich insbesondere

---

[179] Hinweise zur Durchführung von Wirtschaftlichkeitsuntersuchungen (Ergänzende Erläuterungen zu Nr. 2.3 VV zu § 7 LHO) (Kopferlass) vom 11.12.2003, SMBl. NRW 631. Dieser Kopferlass beinhaltet nicht den Erlasstext. Der Erlasstext ist im Netzwerk der Landesverwaltung verfügbar. Eine öffentlich zugängliche Quelle ist nicht auffindbar.

die Beispiele[180] und die Formblätter[181] in den ergän-
zenden Erläuterungen als nützlich erweisen.

Durchzuführen sind diese Wirtschaftlichkeitsuntersuchungen nach § 7 Nr. 2.4.1 VV-LHO NRW von der Organi-
sationseinheit, die mit der Maßnahme betraut ist. Bei
Softwareentwicklungsprojekten wird das daher meist
durch Projektmitarbeiter erfolgen müssen. Der jeweilige
BdH kann nach § 7 Nr. 2.4.4 VV-LHO NRW selbst ent-
scheiden, ob er sich an der Untersuchung beteiligen will
oder ob er lediglich über die Wirtschaftlichkeitsuntersuchung zu unterrichten ist. Die Wirtschaftlichkeitsbetrach-
tung ist somit ebenso wie die Verfügbarkeit von Haus-
haltsmitteln eine Ausnahme in der Projektphase *Voraussetzungen prüfen*, da es keine spezialisierte organisatorische Rolle gibt, die hierfür zuständig ist.

---

[180] Hinweise zur Durchführung von Wirtschaftlichkeitsuntersuchungen
(Ergänzende Erläuterungen zu Nr. 2.3 VV zu § 7 LHO) (Kopferlass)
vom 11.12.2003, SMBl. NRW 631, Nr. 5.

[181] Hinweise zur Durchführung von Wirtschaftlichkeitsuntersuchungen
(Ergänzende Erläuterungen zu Nr. 2.3 VV zu § 7 LHO) (Kopferlass)
vom 11.12.2003, SMBl. NRW 631, Anlage 3.

7 Projektphase *Auftrag vergeben*

7.1 Zielsetzung

Nachdem überprüft wurde, dass die rechtlichen Anforderungen an Software adäquat bestimmt und in den Vertragsunterlagen umgesetzt wurden, kann der Auftrag zur Softwareentwicklung an einen Dienstleister vergeben werden. Das hierfür maßgeblich Vergaberecht ist jedoch ein komplexes Rechtsgebiet[182]. Da die Vergabe von Aufträgen in der Praxis ohnehin durch die Vergabestelle erfolgt, zielt dieses Kapitel darauf ab, das Vergaberecht so weit vorzustellen, dass Gespräche mit der Vergabestelle erleichtert werden. Eine vertiefende praxisorientierte Einführung in die Vergabe öffentlicher Aufträge im IT-Bereich kann der Unterlage für Ausschreibung und Bewertung von IT-Leistungen (UfAB) entnommen werden[183].

7.2 Zweiteilung des Vergaberechts

Das Vergaberecht ist mit dem Oberschwellen- und Unterschwellenbereich in zwei Bereiche aufgeteilt[184]. Der Oberschwellenbereich liegt vor, wenn der erwartete Auftragswert die Schwellenwerte von § 106 II des Gesetzes gegen Wettbewerbsbeschränkungen (GWB) überschreitet. Hierbei nennt § 106 II GWB nicht direkt die Schwellenwerte, sondern verweist auf die entsprechenden EU-Richtlinien. Nach § 3 I 1 Vergabeverordnung (VgV) ist beim erwarteten Auftragswert die Umsatzsteuer nicht zu

---

[182] *Erben/Günther*, S. 101.
[183] *BeschA*, S. 19.
[184] VwVfG-*Bonk/Neumann/Siegel*, § 54 VwVfG, Rn. 155a.

berücksichtigen. Bei der Schätzung des Auftragswerts steht dem Auftraggeber zwar ein weiter Beurteilungsspielraum zu. Dennoch muss die Schätzung anhand rein objektiver Kriterien erfolgen, die aktuelle Marktlage berücksichtigen und aufgrund einer sorgfältigen Finanzplanung erfolgen[185]. Insbesondere verbietet § 3 II 1 VgV, die Schätzung dahingehend zu manipulieren, dass der Auftrag nicht mehr im Oberschwellenbereich liegt.

Da bei Softwareentwicklungsprojekten der Schulverwaltung die Regelungen von § 106 II Nr. 2-4 GWB regelmäßig nicht einschlägig sind, ist § 106 II Nr. 1 GWB anzuwenden, welcher auf Art. 4 Richtlinie 2014/24/EU (EU-Öffentliche-AuftragsvergabeRL) verweist. Damit beträgt der bei diesen Projekten anzuwendende Schwellenwert nach des § 106 II Nr. 1 GWB i. V. m. mit Art. 4 lit. c Richtlinie EU-Öffentliche-AuftragsvergabeRL derzeit[186] 214.000 €.

7.3 Oberschwellenbereich

Die Vergabe von Aufträgen im Oberschwellenbereich – also oberhalb des Schwellenwerts – richtet sich gemäß § 55 Nr. 1 VV-LHO NRW bei Liefer- oder Dienstleistungsaufträgen nach dem vierten Teil des GWB (§§ 97 ff. GWB) und der das GWB konkretisierenden VgV. Diese Regelungen sind anzuwenden, wenn es sich um einen öffentlichen Auftraggeber handelt, der einen öffentlichen Auftrag vergibt, und keine Befreiung von der Vergabepflicht besteht[187]. Als Teil der Landesverwaltung fungiert die Schulverwaltung als öffentlicher Auftraggeber. Nach §

---

[185] Vergaberecht-*Alexander*, § 3 VgV, Rn. 18.

[186] Der Schwellenwert wird regelmäßig von der EU-Kommission angepasst. Daher enthält die ursprüngliche Richtlinie selbst einen anderen Wert. Der derzeit geltende Wert kann beispielsweise der konsolidierten Fassung der Richtlinie entnommen werden.

[187] *Naumann*, S. 13 sowie *Fritz*, ZJS 2017, 619, 620 f.

103 I GWB sind öffentliche Aufträge unter anderem entgeltliche Verträge zwischen öffentlichen Auftraggebern und Unternehmen über die Beschaffung von Leistungen, die die Lieferung von Waren, die Ausführung von Bauleistungen oder die Erbringung von Dienstleistungen zum Gegenstand haben. Diese Voraussetzungen werden in der Praxis weit ausgelegt[188]. Bei Softwareentwicklungsprojekten wird die Lieferung einer Software oder die Bereitstellung von Entwicklungskapazitäten gegen Entgelt Gegenstand des Vertrags sein. Von der Vergabepflicht gibt es Ausnahmen, die allerdings abschließend sind und eng auszulegen sind[189]. Für Softwareentwicklungsprojekte der Schulverwaltung sind solche Ausnahmen nicht ersichtlich und bisher auch nicht zur Anwendung gekommen. Somit ist bei Softwareentwicklungsprojekten der Schulverwaltung das Vergaberecht grundsätzlich anwendbar.

Das GWB sieht in § 119 GWB verschiedene – stark formalisierte – Verfahrensarten vor. Von diesen Verfahrensarten nutzt die Schulverwaltung bislang hauptsächlich das offene Verfahren. Daher wird dieses Verfahren exemplarisch für den Oberschwellenbereich im Folgenden kurz skizziert.

Im offenen Verfahren wird der Auftrag im Supplement des Amtsblatts der Europäischen Union für das öffentliche Auftragswesen bekannt gemacht[190]. Hierbei hat der Auftraggeber nach § 41 I VgV eine elektronische Adresse anzugeben, über die die Vergabeunterlagen unentgeltlich, uneingeschränkt, vollständig und direkt abgerufen werden können. Nach § 29 I VgV umfassen diese Ver-

---

[188] *Naumann*, S. 18.

[189] *Frenz*, Rn. 671.

[190] Beck VergabeR-*Jasper*, § 119 Abs. 1 GWB, Rn. 21 sowie *Naumann*, S. 37.

gabeunterlagen insbesondere die Eignungs- und Zuschlagskriterien, die Leistungsbeschreibung und die Vertragsbedingungen. Gemäß § 121 I GWB beschreibt die Leistungsbeschreibung den Auftragsgegenstand so eindeutig und erschöpfend wie möglich. Während der Frist von mindestens 30 Tagen (§ 15 II, IV VgV) können die Bieter ihre Angebote elektronisch einreichen und gegebenenfalls Fragen zur Ausschreibung stellen[191]. Nach Abschluss dieser Angebotsfrist erhält nach § 127 I 1 GWB das wirtschaftlichste Angebot den Zuschlag. Da die Auswahl des wirtschaftlichsten Angebots nicht trivial ist[192], wird das wirtschaftlichste Angebot meist durch die Vergabestelle bestimmt. Hierbei sind die in den Vergabeunterlagen enthaltenen Eignungs- und Zuschlagskriterien zu berücksichtigen[193]. Durch den Zuschlag wird ein Vertrag zwischen Auftraggeber und Bieter geschlossen[194].

Die Einhaltung der rechtlichen Vorgaben ist im Oberschwellenbereich von besonderer Bedeutung, da Bieter nach § 97 VI GWB einen Anspruch auf Einhaltung der Bestimmungen über das Vergabeverfahren haben. Im Rahmen des Nachprüfungsverfahrens kann dieser Anspruch vor Vergabekammern durchgesetzt werden[195]. Gegen Fehler in der Vergabe können unterlegene Bieter auf diese Weise mit guten Chancen vorgehen[196]. Denn die Vergabekammern erforschen den Sachverhalt nach § 163 I 1 GWB von Amts wegen. Hierfür werden sie – sofern der Antrag auf Nachprüfung nicht offensichtlich

---

[191] *Naumann*, S. 38.

[192] *Fritz*, ZJS 2017, 619, 623.

[193] *Fritz*, ZJS 2017, 619, 623.

[194] Der Zuschlag entspricht hierbei der zivilrechtlichen Annahme des Vertragsangebots des Bieters durch den Auftraggeber i. S. d. § 147 BGB (*Fritz*, ZJS 2017, 619, 623).

[195] Beck VergabeR-*Dörr*, § 97 Abs. 6 GWB, Rn. 13.

[196] *Erben/Günther*, S. 101.

unzulässig oder unbegründet ist – die Vergabeakten beim Auftraggeber einholen (§ 163 II GWB). Somit können die Vergabekammern auch Sachverhalte berücksichtigen, die dem unterlegenen Bieter unbekannt sind. Insofern sollte insbesondere im Oberschwellenbereich großes Augenmerk auf die Einhaltung der rechtlichen Bestimmungen gelegt werden.

7.4 Unterschwellenbereich

Aufträge unterhalb des einschlägigen Schwellenwerts befinden sich im sogenannten Unterschwellenbereich und richten sich nach dem allgemeinen Haushaltsrecht[197]. In NRW regelt die LHO NRW das Haushaltsrecht. Nach § 55 Nr. 2 VV-LHO ist im Unterschwellenbereich die Unterschwellenvergabeordnung (UVgO) anzuwenden. Der Anwendungsbereich der UVgO umfasst nach § 1 I UVgO öffentliche Aufträge und Rahmenvereinbarungen zu Lieferungen und Dienstleistungen, die unter dem Schwellenwert des § 106 GWB liegen. Oben wurde bereits gezeigt, dass es sich bei Softwareentwicklungsprojekten um Liefer- oder Dienstleistungsaufträge handelt. Für den Begriff des öffentlichen Auftrags ist die Definition des § 103 GWB heranzuziehen[198]. Für den Oberschwellenbereich wurde bereits gezeigt, dass die Aufträge der Schulverwaltung zur Entwicklung von Software öffentliche Aufträge sind. Hinsichtlich möglicher Ausnahmen nimmt § 1 II UVgO Bezug auf die Ausnahmen der §§ 107, 108, 109, 116, 117, 145 GWB für den Oberschwellenbereich. Oben wurde schon festgestellt, dass diese Ausnahmen bei Softwareentwicklungsprojekten der Landesverwaltung nicht einschlägig sind. Softwareentwicklungsaufträge

---

[197] *Fritz*, ZJS 2017. 619, 620.

[198] Vergaberecht-*Schellenberg*, § 1 UVgO, Rn. 7.

liegen regelmäßig über der Grenze des Direktauftrags nach § 55 Nr. 2.2.3 VV-LHO NRW[199]. Daher spielt auch diese Ausnahme für die in diesem Leitfaden betrachteten Projekte keine Rolle. Somit ist die UVgO für Softwareentwicklungsprojekte der Schulverwaltung anzuwenden.

Ferner schreibt § 55 Nr. 6 VV-LHO vor, dass das Vergabehandbuch NRW[200] anzuwenden ist. Dieses über 700-seitige Kompendium fasst Ausführungsbestimmungen, Ablaufdiagramme und Formulare zusammen[201].

Wie das Oberschwellenvergaberecht des GWB kennt auch das Unterschwellenvergaberecht der UVgO verschiedene Verfahrensarten, die teilweise nur bis zu bestimmten Auftragsvolumina zulässig sind. Im Gegensatz zum Oberschwellenbereich wird seitens der Schulverwaltung im Unterschwellenbereich ein breiteres Spektrum an Verfahrensarten eingesetzt, das an dieser Stelle kurz vorgestellt werden soll.

Die öffentliche Ausschreibung nach § 9 UVgO ist uneingeschränkt möglich und orientiert sich am offenen Verfahren im Oberschwellenbereich.

Auch die in der Praxis seltener eingesetzte beschränkte Ausschreibung mit Teilnahmewettbewerb (§ 10 UVgO) ist uneingeschränkt möglich. Hier fordert der Auftraggeber eine unbeschränkte Anzahl von Unternehmen öffentlich

---

[199] Bisweilen gibt es zwar vorübergehende Regelungen, die die Wertgrenzen für die Direktvergabe befristet anheben (vgl. z.B. Beschleunigung von Investitionen durch die Erhöhung vergaberechtlicher Wertgrenzen für die Beschaffung von Leistungen (Runderlass des Ministeriums der Finanzen vom 16.02.2021, MBl. NRW 2021 S. 81)). Aber auch die erhöhten Grenzen werden von typischen Softwareentwicklungsprojekten der Schulverwaltung regelmäßig überschritten.

[200] *FM NRW.*

[201] Vergabehandbuch für die Vergabe von Liefer- und Dienstleistungsaufträgen (Runderlass des Ministeriums der Finanzen) vom 11.05.2018, MB. NRW 71/14, Nr. 1.

zur Abgabe von Teilnahmeanträgen auf. Unter den Unternehmen, die Interesse bekunden, wählt der Auftraggeber geeignete Unternehmen aus und fordert sie zur Abgabe eines Angebots auf. Unter diesen Angeboten wird nach den gleichen Kriterien der Zuschlag erteilt wie bei der öffentlichen Ausschreibung[202].

Die beschränkte Ausschreibung ohne Teilnahmewettbewerb ist nach § 8 III UVgO nur möglich, wenn eine vorherige öffentliche Ausschreibung kein wirtschaftliches Ergebnis gehabt hat oder die beiden zuvor genannten Vergabearten für Auftraggeber oder Bewerber bzw. Bieter einen Aufwand verursachen würden, der mit dem erreichten Vorteil oder dem Wert der Leistung im Missverhältnis steht. Nach § 55 Nr. 2.2.1 VV-LHO NRW ist sie auf einen Auftragswert von 50.000 € begrenzt. Bei dieser Vergabeart ruft der Auftraggeber ohne vorherige Durchführung eines Teilnahmewettbewerbs nach § 55 Nr. 2.5 VV-LHO NRW grundsätzlich mindestens fünf geeignete Unternehmen zur Abgabe eines Angebots auf.

Die beiden Ausprägungen der in § 12 UVgO geregelten Verhandlungsvergabe mit und ohne Teilnahmewettbewerb lösen die bisherige freihändige Vergabe nach § 3 I 3 VOL/A ab[203]. Sie sind nur unter den engen Voraussetzungen des § 8 IV Nr. 1-17 UVgO möglich. Nach § 55 Nr. 2.2.2 VV-LHO NRW sind Verhandlungsvergaben indes bis zu einem Wert von 25.000 € ohne weitere Begründung zulässig.

In der Verhandlungsvergabe mit Teilnahmewettbewerb fordert der Auftraggeber eine unbeschränkte Anzahl von Unternehmen öffentlich zur Teilnahme an Verhandlungen auf. Hierbei muss er Mindestanforderungen und

---

[202] Vergaberecht-*Pünder/Klafki*, § 10 UVgO, Rn. 7.
[203] Vergaberecht-*Pünder/Klafki*, § 12 UVgO, Rn. 1.

Zuschlagskriterien festlegen. Es steht im Ermessen des Auftraggebers, ob er Erstangebote einfordert. Unter den Unternehmen, die Interesse bekunden, wählt der Auftraggeber geeignete Unternehmen aus. Mit den ausgewählten Unternehmen verhandelt er gemäß § 12 IV 1 UVgO über den Angebotsinhalt mit Ausnahme der Mindestanforderungen und Zuschlagskriterien. Anschließend fordert er die Bieter zur Einreichung endgültiger Angebote auf (§ 12 VI UVgO). Die Erteilung des Zuschlags verläuft dann wie bei der öffentlichen Ausschreibung[204].

In der Verhandlungsvergabe ohne Teilnahmewettbewerb wählt der Auftraggeber nach § 12 II UVgO grundsätzlich mindestens drei geeignete Unternehmen zur Teilnahme an Verhandlungen auf. Das weitere Verfahren entspricht dem der Verhandlungsvergabe mit Teilnahmewettbewerb.

Das größere Spektrum der von der Schulverwaltung eingesetzten Vergabearten ist möglicherweise auch dadurch zu erklären, dass das rechtliche Risiko für die Auftraggeber im Unterschwellenbereich geringer ist. Denn im Vergleich zum Oberschwellenbereich sind die Rechtsschutzmöglichkeiten der Bieter im Unterschwellenbereich deutlich schwächer ausgeprägt[205]. Bieter können zwar den Erlass einer einstweiligen Verfügung gegen die Erteilung eines Zuschlags bzw. die Fortsetzung des Vergabeverfahrens beantragen. Ein solcher Anspruch basiert auf einem vorvertraglichen Vertrauensschuldverhältnis nach §§ 311 II, 241 II BGB[206]. Ein Vertrauensschuldverhältnis besteht aber naturgemäß nicht bei der Verfahrensform Direktvergabe[207]. Ferner ist der Bieter für Behauptungen

---

[204] Vergaberecht-*Pünder/Klafki*, § 12 UVgO, Rn. 13.
[205] *Erben/Günther*, S. 101.
[206] *Sitsen*, ZfBR 2018, 654, 656.
[207] *Sitsen*, ZfBR 2018, 654, 656.

eines Vergabeverstoßes selbst darlegungs- und beweis-
pflichtig[208]. Einen solchen Nachweis zu führen ist in der
Praxis schwierig, da es im Unterschwellenbereich kein
allgemeines Akteneinsichtsrecht gibt und Zivilgerichte im
Gegensatz zu Vergabekammern nicht zur Amtsermittlung
berechtigt sind[209].

7.5 Rahmenvereinbarungen

Auch eine gut geübte Vergabestelle kann die Vergabe
von Aufträgen nur begrenzt beschleunigen, da gesetzliche Fristen einzuhalten sind. Beim offenen Verfahren im
Oberschwellenbereich kommt zur Angebotsfrist von
regelmäßig 30 Tagen (§ 15 II, IV VgV) noch die fünfzehn-
tägige Stillhaltefrist des § 134 II GWB hinzu, die dem
Rechtsschutz der unterlegenen Bieter dient[210]. Wenn ein
unterlegener Bieter ein Nachprüfungsverfahren begehrt,
ist mit weiteren Verzögerungen zu rechnen.

Daher wird in der Schulverwaltung in der Praxis gerne
auf Rahmenvereinbarungen zurückgegriffen. Hierbei handelt es sich nach § 103 V 1 GWB unter anderem um Ver-
einbarungen zwischen einem oder mehreren öffentlichen
Auftraggebern und einem oder mehreren Unternehmen.
Rahmenvereinbarungen sind keine Aufträge, sondern
legen die Bedingungen für Einzelaufträge fest, die während eines bestimmten Zeitraums vergeben werden
sollen[211]. Dazu zählt insbesondere der Preis einer Leistung. Rahmenvereinbarungen werden gemäß § 103 V 2
GWB nach denselben Vorschriften wie öffentliche Aufträge vergeben. Sie haben den Vorteil, dass sie den Ver-
waltungsaufwand und Ausschreibungskosten verringern,

---

[208] *Naumann*, S. 49.
[209] *Sitsen*, ZfBR 2018, 654.
[210] Beck VergabeR-*Dreher/Hoffmann*, § 134 GWB, Rn. 13.
[211] Beck VergabeR-*Biemann*, § 21 VgV, Rn. 7.

da so eine Vielzahl „kleinerer" Vergabeverfahren vermieden wird[212].

Für Softwareentwicklungsprojekte der Schulverwaltung ist besonders bedeutend, dass der Landesbetrieb Information und Technik Nordrhein-Westfalen (IT.NRW) im Auftrag des CIO NRW eine Reihe von Rahmenvereinbarungen schließt, von denen auch die Schulverwaltung profitieren kann.

Nach §§ 103 V 2, 121 I 1 GWB[213] ist auch bei Rahmenvereinbarungen der Auftragsgegenstand so eindeutig und erschöpfend wie möglich zu beschreiben. Da zum Zeitpunkt der Vorbereitung der Rahmenvereinbarung in aller Regel das Softwareentwicklungsprojekt noch nicht ausreichend geplant ist, um eine aussagekräftige Leistungsbeschreibung zu erstellen, wird eine Rahmenvereinbarung für Werkverträge in der Praxis nur selten in Betracht kommen. Stattdessen wird man hauptsächlich auf Rahmenvereinbarungen für Dienstleistungsaufträge zurückgreifen.

Voraussetzung hierfür ist allerdings, dass die entsprechende Behörde oder Einrichtung der Schulverwaltung als Bezugsberechtigte in der Rahmenvereinbarung benannt ist[214]. Dies führt dazu, dass die einzelnen Behörden und Einrichtungen der Schulverwaltung vorausschauend Bedarfe bei entsprechenden Bedarfsabfragen von IT.NRW melden sollten.

---

[212] Beck VergabeR-*Biemann*, § 21 VgV, Rn. 6.
[213] Da Rahmenvereinbarungen von IT.NRW regelmäßig die
       Schwellenwerte des § 106 GWB überschreiten, beziehen sich die
       Ausführungen zu Rahmenvereinbarungen auf den
       Oberschwellenbereich. Ohnehin weisen die Regelungen zu
       Rahmenvereinbarungen im Ober- und Unterschwellenbereich
       große Ähnlichkeiten auf (Vergaberecht-*Schrotz*, § 15 UVgO, Rn. 2).
[214] Vergaberecht-*Schrotz*, § 21 VgV, Rn. 73.

7.6 Alternative: IT.NRW beauftragen

Mit der Novelle der Verordnung zur Regelung der Abnahme von Leistungen des Landesbetriebes Information und Technik Nordrhein-Westfalen (IT.NRW) durch Dienststellen der Landesverwaltung (LeistungsabnahmeVO IT.NRW) vom 23.12.2020 ist die Vorlagepflicht des § 2 I LeistungsabnahmeVO IT.NRW a. F. für Softwareentwicklungsprojekte entfallen. Stattdessen können nun Entwicklungsleistungen beauftragt werden, „[s]ofern IT. NRW nach Erfüllung der Aufgaben nach § 1 noch personelle und technische Infrastruktur zur Verfügung hat [...]".

Die Auftragsvergabe an IT.NRW ist mit geringem Aufwand verbunden. Denn Aufträge an Landesbetriebe, die über keine rechtliche Selbstständigkeit verfügen, fallen nicht unter das Vergaberecht[215]. Der Landesbetrieb Information und Technik (IT.NRW) verfügt über keine rechtliche Selbstständigkeit. Demnach können Aufträge an IT.NRW aus vergaberechtlicher Sicht direkt vergeben werden[216]. Dementsprechend nutzt die Schulverwaltung diese Vergabemöglichkeit ausgiebig.

Aus Kapazitätsgründen kann IT.NRW solche Aufträge allerdings bisweilen nicht im erforderlichen Zeitraum abzuschließen[217]. Wenn in einem Softwareentwicklungsprojekt Eile geboten ist, wird die Auftragsvergabe auf den zuvor geschilderten Wegen erfolgen müssen.

---

[215] Beck VergabeR-*Gurlit*, § 108 GWB, Rn. 8.

[216] Insbesondere ist es nicht nötig, die Ausnahmetatbestände des § 108 I GWB (Oberschwellenbereich) bzw. der §§ 1 II UVgO, 108 I GWB (Unterschwellenbereich) zu prüfen.

[217] Diese Kapazitätsengpässe sind auch der Grund für den Wegfall der Vorlagepflicht nach § 2 I LeistungsabnahmeVO IT.NRW a. F.

7.7 Exkurs: AGB der Auftragnehmer

Bisweilen pochen Auftragnehmer darauf, dass der Auftraggeber bei oder nach der Vergabe eines Auftrags die Allgemeinen Geschäftsbedingungen (AGB) des Auftragnehmers unterschreibt. Die Verwendung von AGB mag im Wirtschaftsleben zwar üblich sein. Im Vergaberecht besteht jedoch sowohl im Ober- als auch im Unterschwellenbereich ein striktes Nachverhandlungsverbot ab dem Zeitpunkt der Vergabe[218]. Da die AGB des Auftragnehmers naturgemäß nicht Teil der Vergabeunterlagen sind, wird die Bestätigung der AGB aber als eine solche Nachverhandlung zu verstehen sein. Dies könnte einerseits die Vergabe rechtlich angreifbar machen. Andererseits ist zu erwarten, dass die AGB des Auftragnehmers mit den vom Auftraggeber verwendeten AGB (bei Softwareentwicklungsprojekten werden das regelmäßig die AGB des jeweiligen EVB-IT Vertragswerks sein) kollidieren. Daher ist strikt davon abzuraten, die AGB der Auftragnehmer zu unterschreiben, wenn der Auftrag im Rahmen einer Vergabe erteilt wird.

---

[218] Zum Nachverhandlungsverbot im Oberschwellenbereich hinsichtlich des offenen Verfahrens vgl. Beck VergabeR-*Dörn*, § 15 VgV, Rn. 12. Für das nicht offene Verfahren vgl. Beck VergabeR-*Dörn*, § 16 VgV, Rn. 41. Für das Verhandlungsverfahren vgl. Vergaberecht-*Pünder/Klafki*, § 17 VgV, Rn. 35. Für den wettbewerblichen Dialog vgl. Vergaberecht-*Pünder/Klafki*, § 18 VgV, Rn. 24. Für die Innovationspartnerschaft vgl. Vergaberecht-*Pünder/Klafki*, § 19 VgV, Rn. 16. Für das Nachverhandlungsverbot im Unterschwellenbereich hinsichtlich der öffentlichen Ausschreibung vgl. Vergaberecht-*Pünder/Klafki*, § 9 UVgO, Rn. 7. Für die beschränkte Ausschreibung mit Teilnahmewettbewerb vgl. Vergaberecht-*Pünder/Klafki*, § 10 UVgO, Rn. 8. Für die beschränkte Ausschreibung ohne Teilnahmewettbewerb vgl. Vergaberecht-*Pünder/Klafki*, § 11 UVgO, Rn. 6. Für die Verhandlungsvergabe vgl. Vergaberecht-*Pünder/Klafki*, § 12 UVgO, Rn. 12.

8   Projektphase Software abnehmen

In Kapitel 5 zur Projektphase *Vertragsunterlagen erstellen* wird die Regelung der Vertragsbedingungen auf Grundlage des Vertragswerks EVB-IT Erstellung empfohlen. Gemäß Nr. 1.1 EVB-IT Erstellungsvertrag baut dieses Vertragswerk auf dem Werkvertrag als grundlegendem Vertragstyp auf. Bei Werkverträgen wird die Vergütung nach § 641 I BGB grundsätzlich bei der Abnahme fällig. Der Auftraggeber ist durch § 640 I BGB zur Abnahme des vertragsgemäß hergestellten Werks verpflichtet. Bei Softwareentwicklungsprojekten wird sich der Begriff des Werks naturgemäß insbesondere auf die zu entwickelnde Software beziehen. Demnach muss primär die Software mängelfrei sein. Aber auch die anderen vereinbarten Bestandteile (wie etwa die gemäß Ziffer 5 EVB-IT Erstellungs-AGB zu erstellende Dokumentation) müssen für ein vertragsgemäßes Werk mängelfrei sein.

Mit der Abnahme beginnt gemäß § 634a II BGB auch die Verjährung von Mängelansprüchen des Auftraggebers gegenüber dem Auftragnehmer. Ferner wurde im Kapitel zur Projektphase *Vertragsunterlagen erstellen* gezeigt, dass sich die Geltendmachung von Sachmängelansprüchen nach der Abnahme als schwieriger erweisen kann als vorher. Somit hat die Abnahme bedeutende rechtliche Folgen.

Aus diesem Grund sollte die Abnahme mit großer Sorgfalt vorgenommen werden. Dementsprechend trifft auch Ziffer 11 EVB-IT Erstellungs-AGB Regelungen zur Abnahme. Diese Regelungen können in Nr. 13 EVB-IT

Erstellungsvertrag modifiziert werden. Gemäß Ziffer 11.2 EVB-IT Erstellungs-AGB hat der Auftraggeber das Recht, innerhalb von 30 Tagen nach Bereitstellung der Werkleistung eine Funktionsprüfung durchzuführen. Diese Funktionsprüfung sollte möglichst sorgfältig erfolgen, da mit der Abnahme des Werks die oben beschriebenen Rechtsfolgen eintreten. Auch sollte die Funktionsprüfung zeitnah geschehen, da § 640 II 1 BGB eine Annahmefiktion normiert, der zufolge das Werk als abgenommen gilt, wenn der Auftraggeber die Abnahme nicht innerhalb der vom Auftragnehmer bestimmten angemessenen Frist unter Angabe mindestens eines Mangels verweigert hat.

Zwar wird in Ziffer 11.10 EVB-IT Erstellungs-AGB eine andere Abnahmefiktion vereinbart, die voraussetzt, dass der Auftraggeber tatsächlich eine Pflicht zur Abnahme hat. Da die EVB-IT Erstellungs-AGB jedoch vor der Normierung der gesetzlichen Abnahmefiktion in § 640 II 1 BGB formuliert wurden, ist unsicher, ob die gesetzliche Abnahmefiktion wirksam durch die Regelung in den AGB abbedungen wird[219]. Daher sollte die Abnahme ausdrücklich verweigert werden, wenn das Werk Mängel aufweist, die seine Nutzung erheblich einschränken.

Liegen hingegen nur leichte Mängel vor, die die Nutzung des Werks auch in der Gesamtheit dieser Mängel nur unerheblich einschränken, so hat der Auftraggeber nach Ziffer 11.7 i. V. m. Ziffer 3.1.3 EVB-IT Erstellungs-AGB die Abnahme zu erklären. Um jedoch seine Mängelbeseitigungsansprüche für diese kleineren Mängel nicht zu verlieren, sollte sich der Auftraggeber bei der Abnahme auf jeden Fall die Mängelansprüche vorbehalten[220].

---

[219] *CIO Bund,* EVB-IT Erstellung: Nutzerhinweise, S. 75.
[220] *CIO Bund,* EVB-IT Erstellung: Nutzerhinweise, S. 76.

Da Software typischerweise auf Komponenten der Systemumgebung (wie etwa dem Betriebssystem) aufbaut und somit das Verhalten der Software auch von dieser Systemumgebung beeinflusst wird[221], sollte die Funktionsprüfung entsprechend Ziffer 11.3 EVB-IT Erstellungs-AGB in der vertraglich vereinbarten Systemumgebung erfolgen. Anderenfalls besteht das Risiko, Sachmängel, die mit der Systemumgebung zusammenhängen, nicht zu erkennen. Besteht die Sorge, dass die produktive Systemumgebung durch die Funktionsprüfung beeinträchtigt wird, könnte für die Funktionsprüfung eine Kopie der Systemumgebung hergestellt werden. Mittels sogenannter Virtualisierungsumgebungen ist dies inzwischen recht einfach zu bewerkstelligen[222].

Sachmangelfreiheit bezieht sich auch auf andere vereinbarte Eigenschaften der Software und der damit verbundenen Leistungen wie beispielsweise der Dokumentation. So sollte bei der Gelegenheit auch geprüft werden, ob die gegebenenfalls vereinbarte Barrierefreiheit von der Software und ihrer Dokumentation umgesetzt wurde. Für diesen Zweck könnte beispielsweise ein Testprotokoll einer entsprechenden Prüfstelle herangezogen werden. Im Bereich der Informationssicherheit könnte ganz ähnlich das Ergebnisprotokoll eines – vorzugsweise von einer dritten Stelle durchgeführten – Penetrationstests zur Einschätzung der Fehlerfreiheit genutzt werden.

---

[221] Am Beispiel von Webanwendungen vgl. *Franz*, S. 140.

[222] Beispielsweise können mithilfe der in der Schulverwaltung eingesetzten Virtualisierungsumgebung VMware virtualisierte Server vollständig kopiert werden (*Gavanda et al.*, S. 408 f.). Mittels der Automatisierungslösung PowerCLI können komplette Infrastrukturen kopiert werden (*Gavanda et al.*, S. 221).

9   Zusammenfassung

Die Digitalisierung der Verwaltung des Landes Nordrhein-Westfalen wirkt sich auch auf die Schulverwaltung des Landes aus. So bestätigen die Experteninterviews, dass seit einigen Jahren vermehrt Softwareentwicklungsprojekte der Schulverwaltung initiiert werden. Diese Projekte erweisen sich jedoch auch aus rechtlicher Sicht als eine Herausforderung. So wird im Rahmen von Experteninterviews eine Reihe von Rechtsthemen identifiziert, die für Softwareentwicklungsprojekte der Schulverwaltung von Bedeutung sind.

Dieser Leitfaden stellt diese Rechtsthemen kurz vor und gibt konkrete Empfehlungen zur praktischen Erfüllung der damit verbundenen rechtlichen Anforderungen. Auf diese Weise können die Projektmitglieder rechtliche Risiken frühzeitig erkennen und bei Bedarf rechtliche Expertise einholen. Um die Nutzung des Leitfadens im Projektalltag zu vereinfachen, werden die Rechtsthemen anhand typischer Phasen von Softwareentwicklungsprojekten in der Schulverwaltung gegliedert. Auf diese Weise ist rasch erkennbar, wann welche Rechtsthemen zu berücksichtigen sind. Mit diesem Leitfaden steht den Beteiligten an Softwareentwicklungsprojekten der Schulverwaltung somit ein Werkzeug zur Verfügung, mit dessen Hilfe sie die Wahrscheinlichkeit für unnötige Projektverzögerungen aufgrund von rechtlichen Problemen deutlich reduzieren können.

Die Checkliste in Anhang A kann die Anwendung des Leitfadens weiter unterstützen. Insbesondere hilft sie dabei, Softwareentwicklungsprojekte der Schulverwaltung mit wenig Zeitaufwand zumindest kursorisch daraufhin zu überprüfen, ob die wichtigsten Rechtsvorschriften beachtet wurden.

Anhang A Checkliste

Projektphase *Anforderungen analysieren*	
Datenschutz Wurden die Regelungen der DS-GVO, dem LDSG NRW und den VO-DV I und VO-DV II berücksichtigt?	
Informationssicherheit Wurde das IT-Grundschutz-Kompendium berücksichtigt?	
Barrierefreiheit Wurde die WCAG 2.0 berücksichtigt? Wurden Erklärungen zur Barrierefreiheit aufgenommen?	
Standardisierungsbeschlüsse des IT-Planungsrats Wurde recherchiert, inwieweit Standardisierungsbeschlüsse des IT-Planungsrats einschlägig sind?	
Schulrecht Wurde (z.B. mithilfe von BASS) recherchiert, ob es schulrechtsspezifische Regelungen gibt?	
Technische Ausstattung der Schulen Wurde sichergestellt, dass die Software – soweit sie Schulen adressiert – auch auf heterogenen Umgebungen lauffähig sind?	
Verwaltungsverfahrensrecht Wurde geprüft, ob die Software ein Verwaltungsverfahren abbildet? Falls ja: Wurden die entsprechenden Fristen berücksichtigt? Falls ja: Wurden Rechtsbehelfsbelehrungen an der passenden Stelle eingefügt?	
Schriftformersatz Wurde geprüft, ob die Schriftform und damit ein Medienbruch wirklich erforderlich ist?	
Identifizierungsmittel und Vertrauensdienste Wurde geprüft, inwieweit das Servicekonto NRW angebunden werden soll?	
Aufbewahrungspflichten und Aktenführung Wurde geprüft, ob aktenwürdige Unterlagen entstehen?	
Zugänglichkeit von Verwaltungsleistungen Wurde geprüft, ob die Software in das Serviceportal NRW einzubinden ist?	
Elektronische Nachweise Wurde geprüft, ob elektronische Nachweise angenommen werden sollen und können?	

Projektphase *Vertragsunterlagen erstellen*	
Leistungsbeschreibung	
Existiert eine Leistungsbeschreibung, die zumindest das *Was* ausführlich beschreibt?	
Vertragsbedingungen	
Wurde das Vertragsformular für den Vertragstyp EVB-IT Erstellung ausgefüllt und mit der Beschaffungsstelle abgestimmt?	
Projektphase *Voraussetzungen prüfen*	
Datenschutzbeauftragter	
Wurde der/die Datenschutzbeauftragte frühzeitig eingebunden?	
Informationssicherheitsbeauftragter	
Wurde der/die Informationssicherheitsbeauftragte frühzeitig eingebunden?	
Personalvertretung	
Wurde geprüft, welche Beteiligungsrechte einschlägig sind? Wurde die Personalvertretung entsprechend beteiligt?	
Beauftragter der Landesregierung für Informationstechnik	
Wurde das Vorhaben mit dem/der CIO NRW abgestimmt?	
Haushaltsmittel	
Stehen für den richtigen Zeitpunkt ausreichend Haushaltsmittel für die Entwicklung der Software bereit?	
Wirtschaftlichkeit	
Wurde die Wirtschaftlichkeit des Vorhabens nachgewiesen?	
Projektphase *Auftrag vergeben*	
Vergaberecht	
Wurde ein ordnungsgemäßes Vergabeverfahren vorbereitet und durchgeführt?	
AGB der Auftragnehmer	
Wurden keine AGB der Auftragnehmer unterschrieben?	
Projektphase *Software abnehmen*	
Wurde die Funktion der Software rechtzeitig ausführlich geprüft? Liegt eine nutzbare Dokumentation vor? Wurde die Barrierefreiheit geprüft? Wurde ein Penetrationstest oder eine andere Maßnahme zur Prüfung der Informationssicherheit durchgeführt? Wurde die Abnahme vorbehaltlich der Beseitigung der bekannten Fehler erklärt?	

Literaturverzeichnis

Abts, Dietmar / Mülder, Wilhelm, Grundkurs Wirtschaftsinformatik. Springer Vieweg, Wiesbaden 2017 (zit. als *Abts/Mülder*).

BDSG/DSGVO, Kommentar zum BDSG und zur DSGVO sowie den Datenschutzbestimmungen des TMG und TKG, 2. Aufl. (Kommentar), hrsg. von Kai-Uwe Plath. Otto Schmidt, Köln 2016 (zit. als BDSG/DSGVO-*Bearbeiter*).

Beck VergabeR, Beck'scher Vergaberechtskommentar, 3. Aufl. (Kommentar), hrsg. von Martin Burgi, Meinrad Dreher. C.H. Beck, München 2017 (Band 1) und 2019 (Band 2) (zit. als Beck VergabeR-*Bearbeiter*).

BeckOK BGB, 53. Aufl. (Kommentar), hrsg. von Heinz Georg Bamberger, Herbert Roth, Wolfgang Hau u.a. C.H. Beck, 2020 (zit. als BeckOK BGB-*Bearbeiter*).

BeckOK Datenschutzrecht, 31. Aufl. (Kommentar), hrsg. von Stefan Brink, Heinrich Amadeus Wolff. C.H. Beck, München 2020 (zit. als BeckOK Datenschutzrecht-*Bearbeiter*).

BeckOK VwVfG, mit VwVG und VwZG, 48. Aufl. (Kommentar), hrsg. von Johann Bader, Michael Ronellenfitsch. C.H. Beck, München 2020 (zit. als BeckOK VwVfG-*Bearbeiter*).

BeschA (Beschaffungsamt des Bundesministeriums des Innern), UfAB 2018, Praxis der IT-Vergabe, Unterlage für Ausschreibung und Bewertung von IT-Leistungen, 2018. https://www.cio.bund.de/SharedDocs/Publikationen/DE/IT-Beschaffung/ufab_2018_download.pdf?__blob=publicationFile (zugegriffen am 01.04.2021) (zit. als *BeschA*).

Bezirksregierung Arnsberg, Organisationsplan, 2020. https://www.bra.nrw.de/system/files/media/document/file/Orgaplan%202021-04-01.pdf (zugegriffen am 01.04.2021) (zit. als *Bezirksregierung Arnsberg*).

BMI (Bundesministerium des Innern, für Bau und Heimat), Portalverbund für digitale Verwaltungsdienstleistungen, Einfach, schnell und sicher. https://www.bmi.bund.de/DE/themen/moderne-verwaltung/ve rwaltungsmodernisierung/portalverbund/portalverbund-artikel .html (zugegriffen am 01.04.2020) (zit. als *BMI*, Portalverbund für digitale Verwaltungsdienstleistungen).

BMI (Bundesministerium des Innern, für Bau und Heimat), Schritt für Schritt – So werden Sie Diensteanbieter. https://www.personalausweisportal.de/Webs/PA/DE/wirtschaf t/diensteanbieter-werden/diensteanbieter-werden-node.html (zugegriffen am 01.04.2021) (zit. als *BMI*, Schritt für Schritt – So werden Sie Diensteanbieter).

Bogner, Alexander / Littig, Beate/Menz, Wolfgang, Interviews mit Experten. Springer VS, Wiesbaden 2014 (zit. als *Bogner/Littig/Menz*).

Broy, Manfred / Kuhrmann, Marco, Projektorganisation und Management im Software Engineering. Springer Berlin Heidelberg, Berlin, Heidelberg 2013 (zit. als *Broy/Kuhrmann*).

BSI (Bundesamt für Sicherheit in der Informationstechnik), BSI-Standard 100-4, Notfallmanagement, 2008. https://www.bsi.bund.de/SharedDocs/Downloads/DE/BSI/Pu blikationen/ITGrundschutzstandards/BSI-Standard_1004.pdf ?__blob=publicationFile&v=2 (zugegriffen am 3.9.2020) (zit. als *BSI*, BSI-Standard 100-4).

BSI (Bundesamt für Sicherheit in der Informationstechnik), BSI-Standard 200-1, Managementsysteme für Informationssicherheit. https://www.bsi.bund.de/SharedDocs/Downloads/DE/BSI/Gru ndschutz/BSI_Standards/standard_200_1.pdf?__blob=public ationFile&v=2 (zugegriffen am 3.9.2020) (zit. als *BSI*, BSI-Standard 200-1).

BSI (Bundesamt für Sicherheit in der Informationstechnik), BSI-Standard 200-2, IT-Grundschutz-Methodik. https://www.bsi.bund.de/SharedDocs/Downloads/DE/BSI/Gru ndschutz/BSI_Standards/standard_200_2.pdf?__blob=public ationFile&v=2 (zugegriffen am 3.9.2020) (zit. als *BSI*, BSI-Standard 200-2).

BSI (Bundesamt für Sicherheit in der Informationstechnik), BSI-Standard 200-3, Risikomanagement. https://www.bsi.bund.de/SharedDocs/Downloads/DE/BSI/Grundschutz/BSI_Standards/standard_200_3.pdf?__blob=publicationFile&v=2 (zugegriffen am 3.9.2020) (zit. als *BSI*, BSI-Standard 200-3).

BSI (Bundesamt für Sicherheit in der Informationstechnik), IT-Grundschutz-Kompendium. Reguvis Fachmedien, Köln 2020 (zit. als *BSI*, IT-Grundschutz-Kompendium).

CIO Bund (Beauftragter der Bundesregierung für Informationstechnik), EVB-IT Erstellung: Nutzerhinweise, 2018. https://www.cio.bund.de/SharedDocs/Publikationen/DE/IT-Beschaffung/EVB-IT_Vertragstypen/EVB-IT_Erstellung/evb_it_erstellung_hinweise_fuer_die_erstellung_pdf_download.pdf?__blob=publicationFile (zugegriffen am 3.9.2020) (zit. als *CIO Bund*, EVB-IT Erstellung: Nutzerhinweise).

CIO Bund (Beauftragter der Bundesregierung für Informationstechnik), EVB-IT Erstellungs-AGB, 2013. https://www.cio.bund.de/SharedDocs/Publikationen/DE/IT-Beschaffung/EVB-IT_Vertragstypen/EVB-IT_Erstellung/evb_it_erstellung_agb_pdf_download.pdf?__blob=publicationFile (zugegriffen am 3.9.2020) (zit. als *CIO Bund*, EVB-IT Erstellungs-AGB).

CIO Bund (Beauftragter der Bundesregierung für Informationstechnik), EVB-IT Erstellungsvertrag, 2013. https://www.cio.bund.de/SharedDocs/Publikationen/DE/IT-Beschaffung/EVB-IT_Vertragstypen/EVB-IT_Erstellung/evb_it_erstellung_vertrag_pdf_download.pdf?__blob=publicationFile (zugegriffen am 3.9.2020) (zit. als *CIO Bund*, EVB-IT Erstellungsvertrag).

CIO Bund (Beauftragter der Bundesregierung für Informationstechnik), EVB-IT und BVB. https://www.cio.bund.de/Web/DE/IT-Beschaffung/EVB-IT-und-BVB/evb-it_bvb_node.html (zugegriffen am 3.9.2020) (zit. als *CIO Bund*, EVB-IT und BVB).

Creifelds kompakt Rechtswörterbuch (Kommentar), hrsg. von Klaus Weber. C.H. Beck, München 2019 (zit. als Creifelds kompakt Rechtswörterbuch-*Bearbeiter*).

Creifelds Rechtswörterbuch, 23. Aufl. (Kommentar), hrsg.
von Klaus Weber. C.H. Beck, München 2019 (zit. als
Creifelds Rechtswörterbuch-*Bearbeiter*).

DIN SPEC 91379, Zeichen in Unicode für die elektronische
Verarbeitung von Namen und den Datenaustausch in
Europa, DIN (DIN-Standard) (zit. als DIN SPEC 91379).

D-NRW, Suchen und Finden mit wenigen Klicks, Das
Serviceportal.NRW, 2020.
https://www.d-nrw.de/projekte/bereich-onlinezugang/servicep
ortalnrw.html (zit. als *D-NRW*).

EGovG/OZG, E-Government-Gesetz/Onlinezugangsgesetz
(Kommentar), hrsg. von Wolfgang Denkhaus, Eike Richter,
Lars Bostelmann. C.H. Beck, München 2019 (zit. als
EGovG/OZG-*Bearbeiter*).

EN 301 549 V2.1.2 (2018-08), Accessibility requirements for
ICTproducts and services, ETSI (Harmonisierte europäische
Norm) (zit. als EN 301 549 V2.1.2 (2018-08)).

Erben, Meinhard / Günther, Wolf G. H., Beschaffung von
IT-Leistungen. Springer Gabler, Berlin, Heidelberg 2018 (zit.
als *Erben/Günther*).

EUV/AEUV, Vertrag über die Europäische Union, Vertrag über
die Arbeitsweise der Europäischen Union, Charta der
Grundrechte der Europäischen Union, 3. Aufl. (Kommentar),
hrsg. von Rudolf Streinz, Walther Michl. C.H. Beck, München
2018 (zit. als EUV/AEUV-*Bearbeiter*).

*Fischer, Manuel / Hänel, Miriam / Klassen, Georg / Kolmsee,
Bastian / Krause, Stephan / Kurz, Matthias / Polster, Stefan /
Rühl, Alexander / Stein, Rolf vom / Steinhauser, Markus /
Termer, Frank*, Entwicklung erfolgreicher Webanwendungen,
Leitfaden Webentwicklung, 2015.
https://www.bitkom.org/sites/default/files/file/import/LF-Weba
nwendungen-150910-1.pdf (zugegriffen am 3.9.2020) (zit.
als *Fischer* et al.).

FM NRW (*Ministerium der Finanzen des Landes
Nordrhein-Westfalen*), Vergabehandbuch NRW, 21.
Ergänzungslieferung. Deutscher Bundes-Verlag, Köln 2018
(zit. als *FM NRW*).

Franz, Klaus, Handbuch zum Testen von Web- und
Mobile-Apps. Springer Vieweg, Berlin, Heidelberg 2015 (zit.
als *Franz*).

Frenz, Walter, Vergaberecht EU und national. Springer, Berlin,
Heidelberg 2018 (zit. als *Frenz*).

*Friedrich, Jan/Hammerschall, Ulrike/Kuhrmann, Marco/Sihling,
Marc*, Das V-Modell® XT, Für Projektleiter und
QS-Verantwortliche kompakt und übersichtlich, 2. Aufl.
Springer, Berlin, Heidelberg 2009 (zit. als *Friedrich* et al.).

Fritz, Luisa, Grundzüge des neuen Vergaberechts, ZJS 2017,
619–624 (zit. als *Fritz*, ZJS 2017).

Gadatsch, Andreas / Mangiapane, Markus, IT-Sicherheit.
Springer Vieweg, Wiesbaden 2017 (zit. als
Gadatsch/Mangiapane).

*Gavanda, Martin / Mauro, Andrea / Valsecchi, Paolo / Novak,
Karel*, Mastering VMware vSphere 6.7, Effectively deploy,
manage, and monitor your virtual data center with VMware
vSphere 6.7, 2. Aufl. PACKT Publishing Limited,
Birmingham, UK 2019 (zit. als *Gavanda* et al.).

Handbuch IT- und Datenschutzrecht, 3. Aufl. (Kommentar),
hrsg. von Astrid Auer-Reinsdorff, Isabell Conrad. C.H. Beck,
München 2018 (zit. als Handbuch IT- und
Datenschutzrecht-*Bearbeiter*).

*IM NRW (Ministerium des Inneren des Landes
Nordrhein-Westfalen)*, Geltende Erlasse (Schul- und
Volksbildungswesen), 2020.
https://recht.nrw.de/lmi/owa/br_bes?sg=0&ver=3&val=2&anw
_nr=1&gld_nr=2&ugl_id=105&aufgehoben=N&menu=0
(zugegriffen am 01.04.2021) (zit. als *IM NRW*, Geltende
Erlasse (Schul- und Volksbildungswesen)).

*IM NRW (Ministerium des Inneren des Landes
Nordrhein-Westfalen)*, Geltende Gesetze und Verordnungen
(Schul- und Volksbildungswesen), 2020.
https://recht.nrw.de/lmi/owa/br_bes?sg=0&ver=4&val=2&anw
_nr=2&gld_nr=2&ugl_id=735&aufgehoben=N&menu=0
(zugegriffen am 01.04.2021) (zit. als *IM NRW*, Geltende
Gesetze und Verordnungen (Schul- und
Volksbildungswesen)).

IT.NRW, Umsetzung OZG, IT-Architektur für AG Technik, nur für
   Bedienstete der Landesverwaltung zugänglich, 2019. (zit. als
   IT.NRW).

IT-Planungsrat, Entscheidungssuche, 2020.
   https://www.it-planungsrat.de/SiteGlobals/Forms/Suche/Ents
   cheidungssuche_Formular.htm (zugegriffen am 3.9.2020)
   (zit. als *IT-Planungsrat*, Entscheidungssuche).

IT-Planungsrat, Leitlinie für die Informationssicherheit in der
   öffentlichen Verwaltung (Hauptdokument), 2013.
   https://www.it-planungsrat.de/SharedDocs/Downloads/DE/En
   tscheidungen/10_Sitzung/Leitlinie_Informationssicherheit_Ha
   uptdokument.pdf?__blob=publicationFile&v=2 (zugegriffen
   am 3.9.2020) (zit. als *IT-Planungsrat*, Leitlinie für die
   Informationssicherheit in der öffentlichen Verwaltung
   (Hauptdokument)).

*Kersten, Heinrich / Klett, Gerhard/Reuter, Jürgen/Schröder,
   Klaus-Werner*, IT-Sicherheitsmanagement nach der neuen
   ISO 27001. Springer Vieweg, Wiesbaden 2020 (zit. als
   Kersten et al.).

Kulartz, Hans-Peter / Opitz, Marc / Steding, Ralf, Vergabe von
   IT-Leistungen, Fehlerfreie Ausschreibungen und
   rechtssichere Vertragsinhalte, 2. Aufl., Praxisratgeber
   Vergaberecht. Bundesanzeiger Verlag, Köln 2015 (zit. als
   Kulartz/Opitz/Steding).

Land NRW, Leitlinie zur Informationssicherheit der
   Landesverwaltung Nordrhein-Westfalen, Anhang zum
   Kabinettsbeschluss vom 23.06.2015, 2015 (zit. als *Land
   NRW*).

LPVG NRW, Landespersonalvertretungsgesetz
   Nordrhein-Westfalen (Kommentar), hrsg. von Jörg Laber,
   Martin Pagenkopf. Verlag C.H. Beck, München 2017 (zit. als
   LPVG NRW-*Bearbeiter*).

Medienberatung NRW, Was ist LOGINEO NRW?, 2020.
   https://www.logineo.schulministerium.nrw.de/LOGINEO-NR
   W/Was-ist-LOGINEO-NRW/ (zugegriffen am 3.9.2020) (zit.
   als *Medienberatung NRW*).

Moos, Flemming / Schefzig, Jens / Arning, Marian, Die neue
   Datenschutz-Grundverordnung, De Gruyter Praxishandbuch.
   De Gruyter, 2018 (zit. als *Moos/Schefzig/Arning*).

Morsbach, Jörg, Barrierefreiheit im Internet, Eine Anleitung für Redakteure und Entscheider, 2018 (zit. als *Morsbach*).

MSB NRW (*Ministerium für Schule und Bildung des Landes Nordrhein-Westfalen*), Bereinigte Amtliche Sammlung der Schulvorschriften NRW, 2020. https://bass.schul-welt.de/ (zugegriffen am 3.9.2020) (zit. als *MSB NRW*, Bereinigte Amtliche Sammlung der Schulvorschriften NRW).

MSB NRW (*Ministerium für Schule und Bildung des Landes Nordrhein-Westfalen*), Geschäftsbereich des Ministeriums für Schule und Bildung des Landes Nordrhein-Westfalen. https://www.schulministerium.nrw.de/ministerium/geschaefts bereich (zugegriffen am 27.9.2020) (zit. als *MSB NRW*, Geschäftsbereich des Ministeriums für Schule und Bildung des Landes Nordrhein-Westfalen).

MSB NRW (*Ministerium für Schule und Bildung des Landes Nordrhein-Westfalen*), Hauptpersonalräte, 2020. https://www.schulministerium.nrw.de/ministerium/hauptperso nalraete (zugegriffen am 04.10.2020) (zit. als *MSB NRW*, Hauptpersonalräte).

MSB NRW (*Ministerium für Schule und Bildung des Landes Nordrhein-Westfalen*), Leitlinie zur Informationssicherheit des Ministeriums für Schule und Bildung des Landes Nordrhein-Westfalen, Informationssicherheitsleitlinie MSB, 2018. https://www.zfsl.nrw.de/SGN/Service_Formulare/Datenschut z/InformationssicherheitsleitlinieMSB.pdf (zugegriffen am 26.9.2020) (zit. als *MSB NRW*, Leitlinie zur Informationssicherheit des Ministeriums für Schule und Bildung des Landes Nordrhein-Westfalen).

MSB NRW (*Ministerium für Schule und Bildung des Landes Nordrhein-Westfalen*), Organisationsplan, 2020. https://www.schulministerium.nrw/system/files/media/docume nt/file/Orgaplan_210315.pdf (zugegriffen am 01.04.2021) (zit. als *MSB NRW*, Organisationsplan).

Müller, Klaus-Rainer, IT-Sicherheit mit System, 6. Aufl. Springer Vieweg, Wiesbaden 2018 (zit. als *Müller*).

MWIDE NRW (Ministerium für Wirtschaft, Innovation, Digitalisierung und Energie des Landes Nordrhein-Westfalen), Handreichung zu Aufbewahrungsfristen, nur für Landesbedienstete zugänglich, 2018. (zit. als *MWIDE NRW*, Handreichung zu Aufbewahrungsfristen).

MWIDE NRW (Ministerium für Wirtschaft, Innovation, Digitalisierung und Energie des Landes Nordrhein-Westfalen), Handreichung zur Aktenrelevanz, nur für Landesbedienstete zugänglich, 2018. (zit. als *MWIDE NRW*, Handreichung zur Aktenrelevanz).

MWIDE NRW (Ministerium für Wirtschaft, Innovation, Digitalisierung und Energie des Landes Nordrhein-Westfalen), Strategie für das digitale Nordrhein-Westfalen 2019, Teilhabe ermöglichen – Chancen eröffnen, 2019. https://www.wirtschaft.nrw/sites/default/files/asset/document/digitalstrategie_nrw_endfassung_final.pdf (zugegriffen am 26.4.2020) (zit. als *MWIDE NRW*, Strategie für das digitale Nordrhein-Westfalen 2019).

Naumann, Daniel, Vergaberecht. Springer Vieweg, Wiesbaden 2019 (zit. als *Naumann*).

Oliveira, Domingos de, Barrierefreiheit umsetzen, Ein Leitfaden für Behörden, Unternehmen und NGOs. Books on Demand, Norderstedt 2018 (zit. als *Oliveira*).

Land NRW, Anbindungsleitfaden für das Servicekonto.NRW, nur für Landesbedienstete zugänglich. (zit. als *Land NRW*, Anbindungsleitfaden für das Servicekonto.NRW).

Roßnagel, Alexander, Auf dem Weg zur elektronischen Verwaltung, Das E-Government-Gesetz, NJW 66 (2013), 2710–2716 (zit. als *Roßnagel*, NJW 66 (2013)).

Schulz, Sönke E., Rechtlicher Rahmen der Digitalisierung und der Online-Dienste, in: Hans-Henning Lühr, Roland Jabkowski, Sabine Smentek (Hrsg.), Handbuch Digitale Verwaltung, KSV Verwaltungspraxis. Kommunal- und Schul-Verlag, Wiesbaden 2019, S. 159–184 (zit. als *Schulz*).

Sitsen, Michael, Ist die Zweiteilung des Vergaberechts noch verfassungskonform?, ZfBR 2018, 654–660 (zit. als *Sitsen*, ZfBR 2018).

Stollhoff, Sabine, Das E-Government-Gesetz des Bundes, Absch ed von der qualifizierten elektronischen Signatur?, DuD 37 (2013), 691–695 (zit. als *Stollhoff*, DuD 37 (2013)).

Vergaberecht, GWB | VgV | VSVgV | SektVO | VOB/A | KonzVgV | UVgO | Haushaltsrecht | Öffentliches Preisrecht, Handkommentar, 3. Aufl. (Kommentar), hrsg. von Hermann Pünder, Martin Schellenberg. Nomos, Baden-Baden 2019 (zit. als Vergaberecht-*Bearbeiter*).

VwVfG, Verwaltungsverfahrensgesetz, 9. Aufl. (Kommentar), hrsg. von Michael Sachs, Heribert Schmitz, begr. von Paul Stelkens, Joachim Bonk, Klaus Leonhardt. C.H. Beck, München 2018 (zit. als VwVfG-*Bearbeiter*).

WCAG 2.1, Web Content Accessibility Guidelines 2.1, 05.06.2018, W3C (Internationaler Standard) (zit. als WCAG 2.1).

Weit (*Verein zur Weiterentwicklung des V-Modell XT e.V.*), V-Modell XT, Das deutsche Referenzmodell für Systementwicklungsprojekte, Version 2.3, 2019. ftp://ftp.tu-clausthal.de/pub/institute/informatik/v-modell-xt/Rel eases/2.3/V-Modell-XT-Gesamt.pdf (zugegriffen am 3.9.2020) (zit. als *Weit*).

Witte, Frank, Testmanagement und Softwaretest. Springer Fachmedien, Wiesbaden 2019 (zit. als *Witte*).